Lernen wie ein Weltmeister

mosaik

Dr. Gunther Karsten

Lernen wie ein Weltmeister

Zahlen, Fakten, Vokabeln
schneller und effektiver lernen

Ich widme dieses Buch meinen außergewöhnlichen Eltern, die mir zwar viel Leistung abverlangten, doch mit Offenheit, Mut und Toleranz mir stets auch Freiräume für meine eigene Entwicklung gaben.

Der Verlag weist ausdrücklich darauf hin, dass im Text enthaltene externe Links vom Verlag nur bis zum Zeitpunkt der Buchveröffentlichung eingesehen werden konnten. Auf spätere Veränderungen hat der Verlag keinerlei Einfluss. Eine Haftung des Verlags ist daher ausgeschlossen.

Verlagsgruppe Random House FSC® N001967

9. Auflage
© Sämtliche Nutzungsrechte an der deutschsprachigen Ausgabe
2007 Wilhelm Goldmann Verlag, München,
in der Verlagsgruppe Random House GmbH,
Neumarkter Str. 28, 81673 München
© 2007 by Dr. Gunther Karsten
Umschlaggestaltung: Eisele Grafik-Design
Bildnachweis: S. 83, 85, 87, 88: © Touchmore GmbH, Remscheid
Redaktion: Halina Heitz
Satz: Barbara Rabus
Druck und Bindung: GGP Media GmbH, Pößneck
Printed in Germany
CH · Herstellung: IH
ISBN 978-3-442-39112-7

www.mosaik-verlag.de

»Die Jugend von heute liebt den Luxus, hat schlechte Manieren und verachtet die Autorität. Sie widersprechen ihren Eltern, legen die Beine übereinander und tyrannisieren ihre Lehrer«.

Sokrates (470 bis 399 v. Chr.)

Inhalt

Vorwort

Dieser Ratgeber ist eines von den Büchern, die wirkliche Begeisterung wecken können! Denn das Werk ist trotz des relativ schwierigen Themas »Lernen« sehr leicht lesbar und bringt nicht nur neue, verblüffende Kenntnisse, sondern ist dabei auch sehr unterhaltsam und sogar spannend geschrieben.

Dem Autor ist es auf schöne Weise gelungen, die Techniken und Methoden allgemeinverständlich zu erklären, die den gesamten Lernprozess immens erleichtern und gleichzeitig zu dauerhafter Abspeicherung von Informationen führen.

Damit enthüllt er genau jene Lernwege, mit denen Weltmeister im Gedächtnissport immer wieder fantastische Mentalleistungen erreichen. Zusätzlich schafft er es auch, die Leser durch zahlreiche Tipps und Beispiele an die Hand zu nehmen, um mit ihnen die unzähligen Anwendungsmöglichkeiten in der Praxis des Lernens zum Beispiel in der Schule oder im Studium zu ergründen.

Tests und Aufgaben regen zu aktiver Mitarbeit an, und so erfährt der junge, aber auch der ältere Leser viel Neues über die eigenen Stärken und Schwächen beim Abenteuer »Lernen«, wodurch jeder die Basis für eine bessere Lerneffizienz legt.

Doch hätte dieses Buch den viel versprechenden Titel »Lernen wie ein Weltmeister« nicht verdient, wenn nicht auch die psychologischen Aspekte zum Thema *Lernen* und *Leistung* auf sehr motivierende und anschauliche Weise beleuchtet worden wären. Denn Höchstleistungen in allen Bereichen setzen bestimmte in einem selbst liegende Prinzipien voraus – und wer könnte diese besser beschreiben als ein (Gedächtnis-)Weltmeister?

Last but not least machen eingestreute treffende Bemerkungen von berühmten Persönlichkeiten sowie lustige Anekdoten das Werk zu einem anregenden Lesevergnügen und untermauern so die Philosophie des Buches:

»Lernen kann und soll Spaß bringen!«

Diesen meisterlichen *Lernspaß* wünsche ich allen!

Dr. Michaela Buchvaldová
(Madonna of Memory)
3-fache Frauen-Gedächtnisweltmeisterin

Die sieben Faktoren für ein optimales Gedächtnis

Unsere kleine Abenteuerreise durch das große Gebiet des Lernens muss einfach mit dem Gedächtnis beginnen! Denn welchen Sinn hätte das Lernen, wenn man einen Wissensstoff sofort wieder verges-

Leben ist Erinnerung,
außer dem einen Augenblick
der Gegenwart, der so schnell vergeht,
dass man ihn kaum fassen kann.
Tennessee Williams

sen würde? Somit ist das Abspeichern, Behalten, Auswendiglernen, Einprägen, sich Merken oder Memorieren ein wesentlicher Teil des Lernens, um den es deshalb auch in diesem ersten Kapitel geht.

Nach vielen Jahren meiner aktiven Zeit als Gedächtnissportler, in der ich mich ständig verbesserte, in zahlreichen Disziplinen Weltmeister wurde und immer wieder neue Gedächtnis-Weltrekorde aufstellen konnte, habe ich mir einmal überlegt, welche geistigen Fähigkeiten ich eigentlich bei meiner Art des Lernens einsetze. Und genau diese Art des Einprägens und Lernens führt dazu, dass ich mir zum Beispiel auf einer Weltmeisterschaft insgesamt über 10 000 Zahlen, Daten, Wörter und Fakten merke! Bei dieser Analyse meines Lernens war es auch für mich erstaunlich, dass es im Grunde nur sieben geistige Fähigkeiten sind, die bei meinen Lernabläufen ständig zum Einsatz kommen. Im nachfolgenden Diagramm sind sie grafisch dargestellt.

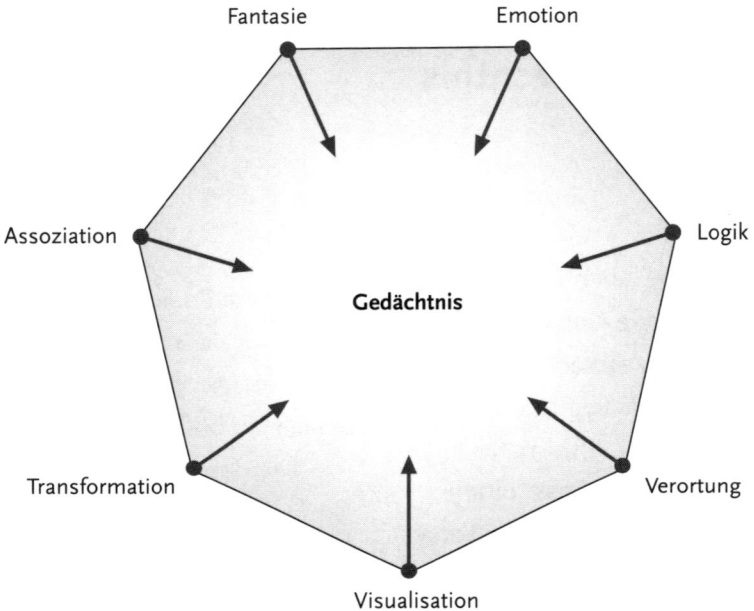

Die sieben geistigen Faktoren für ein optimales Gedächtnis

Die einzelnen Faktoren werde ich im Folgenden genauer erklären. Das eine oder andere Beispiel wird für die meisten vielleicht etwas sonderbar, eigenartig und merkwürdig erscheinen – aber gerade deshalb ist es ja merk-würdig!

Transformation

Transformation heißt Umwandlung. Hiermit ist gemeint, dass man abstrakte, unanschauliche und trockene Informationen unbedingt zu einer konkreten, anschaulichen und für das Gedächtnis »verdaubaren« Information umwandeln sollte, bevor man sie sich einprägt. So sind zum Beispiel Zahlen, Vokabeln und auch Namen meistens sehr unanschaulich, so dass man versuchen sollte, sie im Geiste so umzuwandeln, dass man sich leichter etwas darunter vorstellen kann. Beispiele:

1. Wenn du lernen sollst, dass Karl der Große 747 nach Christus geboren wurde, so kannst du diese Geschichtszahl einfach zur Boeing 747 umwandeln und dir vorstellen, dass er in diesem Flugzeug geboren wurde – auch wenn es damals natürlich noch keine Flugzeuge gab.

2. Oder ein Beispiel zu Namen: Du hörst zum ersten Mal etwas vom großen griechischen Philosophen Sokrates und wandelst diesen Namen zu »So (ein) Krater« um, oder zum Satz »So kracht es«. Auf diese vielleicht jetzt noch ein bisschen verrückt erscheinende Weise gibst du der zufälligen Reihenfolge der Buchstaben des Namens durch die Transformation eine anschauliche Bedeutung.

Versuche selber ein gutes Beispiel für die Anwendung des Mentalfaktors »Transformation« zu finden.

Dein eigenes Beispiel:

_____

_____

_____

_____

Übrigens machte der Werbepromi Verona Feldbusch es in einem TV-Spot nicht anders, als sie versuchte, den Zuschauern die Telefonnummer der Auskunft »11880« mit der folgenden Transformation einprägbar zu machen: »*11 Mann hat eine Fußballmannschaft, 88 wird meine Oma, und ich habe 0 Ahnung!*«

Assoziation

Dieser Gedächtnisfaktor ist schon ein wenig bekannter. Hierunter versteht man die Technik, verschiedene Lernstoffe miteinander zu assoziieren, also miteinander zu verbinden. Dies ist gerade dann sinnvoll, wenn man etwas schon sicher weiß, also fest im so genannten Langzeitgedächtnis abgespeichert hat, und nun etwas Neues lernen muss, was sich damit in irgendeiner Weise assoziieren lässt. Beispiele:

1. Wenn in der Biologie die Reihenfolge der Hautschichten des Auges gelernt werden sollen, nämlich Lederhaut, Aderhaut und Netzhaut, so kann man mit den jeweiligen Anfangsbuchstaben das Wort LAN bilden, und so hat man eine Assoziation zu dem LAN-Netz aus dem Computerbereich, das die meisten kennen. Zwar haben beide Informationen nichts miteinander zu tun, aber das ist zum Behalten unwesentlich.

2. Oder du sollst in einem Fach lernen, dass das Gehirn des Menschen aus etwa 100 Milliarden Gehirnzellen besteht. Wenn du nun weißt, dass unsere Galaxie, die wir Milchstraße nennen, aus etwa 100 Milliarden Sternen besteht, so kannst du diese beiden Informationen als Assoziationsbild verbinden: Alle Sterne der Milchstraße befinden sich als Gehirnzellen in deinem Kopf!

Dein eigenes Beispiel:

_____

_____

_____

_____

Fantasie

Alle Menschen haben im Grunde eine fantastische Fantasie. Und gerade diese geistige Leistung wird viel zu selten zum Lernen eingesetzt. Meistens wird der Lernstoff als trockene Wissensansammlung vermittelt, so dass er für uns uninteressant und für unser Gedächtnis nur schwer aufnehmbar ist. Bereitet man den Lernstoff jedoch mit Fantasie und Kreativität auf, so wird er nicht nur viel leichter einprägsam, sondern dass Lernen macht so auch viel, viel mehr Spaß. Beispiele:

1. Wenn man im Geschichtsunterricht den Namen »Walter« lernen soll, so geht dieser bei den meisten in das eine Ohr rein und zum anderen hinaus. Doch man kann seine Fantasie spielen lassen und versuchen, etwas in dem Namen zu entdecken. So ähnelt ihm beispielsweise das Wort »Falter«. Wenn man sich dazu eine fantasievolle Geschichte ausmalt, dass dem Mann beim Sprechen oder Singen immer ein schöner bunter Falter aus dem Mund flattert, so wird man den Namen nicht mehr so

leicht vergessen. Und wenn es sich bei dem Namen um den Dichter und Minnesänger Walther von der Vogelweide handelt, dann passt dass fantasievolle Merkbild wirklich prächtig.

2. Auch andere Vornamen kann man sich problemlos mit Fantasie einprägen: Bei einer Sarah kann man sich vorstellen, dass sie Sahara-Sand in den Haaren hat. Einem Markus kommen dagegen Markstücke aus dem Mund.

Dein eigenes Beispiel:

_____

_____

_____

_____

Emotion

Viele haben sicherlich schon erfahren, dass sie ein Erlebnis, welches mit vielen Gefühlen verbunden war – egal ob schlechten oder guten –, ohne Anstrengung gut behalten konnten. Dies liegt vermutlich daran, dass das für Emotionen zuständige Areal im Gehirn einem wichtigen Gedächtnisareal sehr nahe liegt. Das Interessante dabei ist nun, dass man Emotionen auch gezielt für das Lernen einsetzen kann, indem man beim Einprägen eines Lernstoffes bewusst Gefühle hineinbringt. Das wird zum Beispiel bei teilweise dokumentarischen Spielfilmen gemacht. Vor dem Hintergrund geschichtlicher Ereignisse spielt dann meistens eine spannende Kriminal- oder Liebesgeschichte, wodurch man die geschichtlichen Fakten emotional ganz anders verarbeitet, als wenn sie trocken vom Lehrer vorgetragen oder im Geschichtsbuch gelesen werden (die Filme »Pearl Harbour« oder »Der Untergang der Titanic« sind gute Beispiele dafür). Beispiele:

1. Ein Geschichtsereignis wie die Entdeckung Amerikas durch Kolumbus im Jahr 1492 solltest du dir so vergegenwärtigen, als wenn du selbst Kolumbus wärst. Produziere in dir dabei selbst das unbeschreibliche Hochgefühl nach vielen Monaten auf See, erschöpft, hungrig und durstig, endlich das erhoffte Land zu sehen!

2. Auch solltest du dir einen französischen Namen geben, wenn du Französisch lernst; wie wäre es mit Frédéric oder Joséphine? Dadurch schaffst du dir eine emotionale Welt, aus der heraus du die französische Sprache nicht mehr als so fremd und feindselig erlebst (natürlich gilt das auch für andere Sprachen). Probiere es einfach aus!

Dein eigenes Beispiel:

_____

_____

_____

_____

Was ist an einer 50-stelligen Zahl so lustig?

Ich hatte gerade mal gut ein Jahr mit meiner ersten Kindergruppe Gedächtnistraining gemacht, und prompt konnte das beste Mädchen im Kurs die deutschen Jugend-Gedächtnismeisterschaften gewinnen (übrigens wurde sie seitdem mehrfach Junioren-Gedächtnisweltmeisterin und 2003 jüngste Abiturientin Deutschlands!) Natürlich waren die Medien sehr daran interessiert, was wir im Kurs eigentlich machen und wie das Ganze funktioniert. Also kam ein Fernsehteam, das unsere Christiane gerne in Aktion sehen wollte: Sie gaben ihr eine 50-stellige Zahl, die sie sich in etwa drei Minuten einprägen sollte. Ganz verdutzt waren sie jedoch dann, dass Christiane bei dieser schwierigen Aufgabe nicht angespannt und verbissen dreinschaute, sondern häufig herzhaft auflachte und dann später auch noch alle Ziffern in der richtigen Reihenfolge korrekt aufsagen konnte. (Nur Geduld, du wirst das bald verstehen!)

Logik

Natürlich darf die Logik als Gedächtnisfaktor in dieser Auflistung nicht fehlen. Denn immer wenn wir einen logischen Zusammenhang mit unserer Intelligenz im Lernstoff erkannt haben, verbessert dies unsere Erinnerungsleistung. Am besten funktioniert das in den eher durch Logik bestimmten Fächern, wie Mathematik, Physik oder Chemie. Doch was macht man, wenn es eigentlich keine logisch erklärbare Basis für eine Lerninformation gibt? Nun, dann muss man sich eben eine eigene logische Eselsbrücke schaffen! Beispiele:

1. Es gibt leider immer wieder einige Schüler, die bringen die Himmelsrichtungen *Westen* und *Osten* durcheinander. Aber es ist doch »logisch«, das Westen links und Osten rechts ist, denn die beiden ersten Buchstaben ergeben das bekannte Wort »*WO*«.

Denken ohne zu lernen ist töricht, lernen ohne zu denken ist gefährlich.

Konfuzius

2. Die Stadt und Elite-Universität *Stanford* schreibt man so und nicht anders, zum Beispiel Stantford oder Standfort, weil *Stan* (der Dünne von »Dick und Doof«) mit seinem Auto, nämlich einem *Ford*, zu dieser Stadt fährt.

Dein eigenes Beispiel:

_____

_____

_____

_____

Verortung

Dieser Faktor ist in der heutigen Zeit recht unbekannt. Trotzdem ist er für das Lernen von Informationen sehr hilfreich. Mit dem Faktor der Verortung kann man Lernstoff sicher, vollständig und nach Wunsch auch in einer bestimmten, festgelegten Reihenfolge abrufen. Der Begriff leitet sich vom Wort »Ort« ab, das heißt, dass man die Informationen an bestimmten realen Orten zu Hause, in der Schule, am Urlaubsort usw. als mentale Bilder ablegt – somit sind die speziellen Orte Ankerpunkte für das Gedächtnis. Später werde ich diese Methode genauer erklären; vorab deshalb nur zwei Beispiele dafür, wie du diese Methode eigentlich schon unbewusst einsetzt. Beispiele:

1. Wenn du etwas verlegt hast und schon fast überall (mit steigendem Ärger) gesucht hast, dann solltest du mal kurz überlegen, wann und an welchem Ort du den verlegten Gegenstand das letzte Mal in der Hand hattest und wohin du dann genau gegangen bist. Wenn man so geistig die ganze Situation durchgeht, erinnert man sich häufig ganz plötzlich wieder. Hier nutzt man also die Fähigkeit des Gedächtnisses, nicht nur einzelne Informationen abzuspeichern, sondern auch das Umfeld und den Ort, an dem man etwas getan oder gelernt hat.

2. Der Gedächtnisfaktor des Verortens wird seit über 2000 Jahren verwendet: So haben zum Beispiel die berühmten römischen Redner stundenlange freie Reden gehalten, indem sie Stichwörter ihrer Rede vorher verorteten.

Visualisation

Nachdem man nach Möglichkeit und Erfordernis alle oben genannten Faktoren zum Lernen eingesetzt hat, ist noch unbedingt dieser letzte Schritt der Visualisation zu vollziehen. Visualisieren bedeutet, sich ein Bild von etwas im Geiste, quasi vor dem inneren Auge, zu machen. Dieses mentale Bild sollte so klar und lebendig wie möglich sein. Somit sollte man es nicht nur »sehen«, sondern es sollte auch reich an anderen Sinneseindrücken wie Geräuschen, Gerüchen oder Tastempfindungen sein. Jeder Mensch hat diese phänomenale Fähigkeit, unendlich viele unterschiedliche Bilder im Geiste zu erstellen – und ganz besonders Kinder. Da der Mensch ein extrem gutes Gedächtnis für Bilder besitzt (und ein schlechtes für Zahlen, Formen oder Wörter), wird klar, dass man sich durch solche geistigen »Lernbilder« viel leichter an jegliches Lernmaterial erinnern kann. Und wie erstklassig unser Gedächtnis für Bilder tatsächlich ist, zeigte 1973 Prof. L. Standing (Kanada) durch folgendes erstaunliche Experiment: Versuchspersonen wurde alle fünf Sekunden ein klares und aussagekräftiges Bild vorgelegt – insgesamt 1000. Die Frage war, wie viele sie sich davon hatten einprägen können. Im zweiten Teil des Experiments gab man ihnen dann immer zwei Bilder nebeneinander zur Ansicht, von denen das eine bereits im ersten Versuchsteil gezeigt worden war, das andere jedoch nicht. Das Ergebnis war wirklich verblüffend: Im Durchschnitt erinnerten sich die Probanden an 992 von 1000 Bildern! Führte man jedoch dieses Experiment in entsprechender Weise mit Wörtern durch, so lag der Erinnerungsgrad nur bei 70 Prozent!

> *Visualisationsvermögen ist wichtiger als Wissen.*
> Albert Einstein

Wie bedeutend Bilder für unser Denken und Sprechen sind, zeigt sich an den unzähligen Sprachbildern, mit denen unsere Sprache reichlich gespickt ist wie »unter einer Decke stecken«, »am Ball sein«, »rot sehen«, »an einem Strang ziehen«, »eine Schraube locker haben«, »auf der Höhe sein«, »in einem Boot sitzen«, »nicht auf den Kopf gefallen sein« etc. Beispiele:

25

1. Stell dir ein blau-rot gestreiftes, fahrendes Auto mit sechs Rädern und zwei Flügeln vor, in dem am Steuer ein Schaf sitzt. Na, ist das nicht toll? Obwohl du so ein sonderbares Fahrzeug sicherlich noch nie gesehen hast, kannst du es dir vorstellen!

2. Wenn du lernen sollst, dass die Geschwindigkeit des Schalls 330 Meter pro Sekunde beträgt, kannst du dir vorstellen (um einen ungefähren Eindruck von der immensen Geschwindigkeit zu bekommen), wie du mit dem Schall auf dem Sportplatz eine Runde (= 400 Meter) um die Wette läufst und er schon im Ziel ist, wenn du dich gerade aus den Startblöcken bewegt hast.

Dein eigenes Beispiel:

_____

_____

_____

_____

Einsteins $E = m \cdot c^2$

Um wichtige Faktoren des Gedächtnisses zusammenzufassen und so immer gegenwärtig zu haben, kann man sich die bekannteste Formel des berühmten Physikers Albert Einstein ausborgen:

$$E = m \cdot c^2$$

Allerdings wird diese Formel hier nicht mit ihrer eigentlichen Bedeutung (Energie = Masse mal Lichtgeschwindigkeit im Quadrat) verwendet, sondern sie steht sozusagen als Eselsbrücke für eine Zusammenfassung wichtiger Gedächtnisfaktoren:

Das **E** steht für Emotion.

Das **=**-Zeichen gibt den Faktor der Transformation wieder, da ja hierbei nur umgewandelt wird und sonst die Information gleich bleibt.

Das **m** steht korrekt für Materie und stellt den Begriff der Verortung da, denn jeder Ort besteht ja aus Materie.

Der Punkt (•) ist der i-Punkt von Intelligenz und repräsentiert Logik.

Das eine **c** steht etwas weniger deutlich für den Faktor der Assoziation (einigermaßen leicht einprägsam durch das englische Wort »association« oder den ähnlichen englischen Begriff »connection«)

Das andere **c** steht für das englische Wort »creativity«. Was Kreativität heißt und in etwa dem Begriff Fantasie entspricht.

Und wenn du dann noch diese Formel richtig visualisierst, dann hast du auch automatisch den letzten Faktor der Visualisation abgespeichert.

Man sieht, dass man sich mit dieser einfachen Formel von Einstein sehr leicht an alle wichtigen sieben Gedächtnisfaktoren erinnern kann!

Wer noch mehr über diese sieben mentalen Fähigkeiten und wissenschaftlichen Hintergründe zum Gedächtnis erfahren möchte, kann in meinem speziellen Gedächtnisbuch mit dem Titel »Erfolgs-Gedächtnis« ausführlichere Informationen bekommen.

Wissenschaftliche Erkenntnisse zur Optimierung des Lernens

Wissenschaftlich wird das Lernen sowie das Gedächtnis seit gut 100 Jahren erforscht. Da sich beim Lernen alles im Kopf abspielt und man dort natürlich nicht so ohne weiteres hineinschauen kann, war es nicht einfach, eindeutige Erkenntnisse über den überaus komplizierten Vorgang des Lernens zu gewinnen. Doch durch psychologische Experimente mit Versuchspersonen und die Entwicklung von hochtechnischen Geräten wie EEG oder MRT (Magnetresonanztomographie), mit denen man zahlreiche beim Lernen im Gehirn ablaufende Prozesse sichtbar machen kann, haben die Wissenschaftler einige allgemein gültige Erkenntnisse zusammengetragen, die für den großen Bereich des Lernens zu beachten sind.

Es ist nie zu spät, sich zu verbessern, doch kann man nicht früh genug damit beginnen.
Gunther Karsten

»Früh übt sich, wer ein Meister werden will«

Dies ist zwar kein theoretisch-wissenschaftliches Fachbuch, doch muss Folgendes über den Aufbau und die Besonderheit des Gehirns gesagt werden, damit man eine überraschende und erstaunliche Erkenntnis über die Gehirnentwicklung der Kindheit versteht.

Das Gehirn besteht unter anderem aus den so genannten Gehirnzellen, die auch Neuronen genannt werden. Diese Neuronen, deren Anzahl auf die kaum vorstellbare Menge von 100 Milliarden geschätzt wird, sind über die Dendriten (Leitungsbahnen) miteinander vernetzt. Dabei kann ein einzelnes Neuron mit bis zu 10 000 anderen Neuronen vernetzt/verschaltet sein, wobei die zum Signalaustausch befähigten Kontaktstellen an den Enden der Dendriten als Synapsen bezeichnet werden. Man nimmt nun allgemein an, dass vornehmlich die Vernetzungsdichte – also das Ausmaß der Verschaltung der Gehirnzellen – bestimmt, zu welchen maximalen Leistungen das Gehirn in der Lage ist.

Mit diesem Wissen »im Hinterkopf« ist es nun interessant zu sehen, wie sich das Gehirn ab der Geburt entwickelt. Zum einen ist erstaunlich, dass das Neugeborene bereits mit dem vollständigen Satz an Gehirnzellen zur Welt kommt, ganz im Gegensatz zu den Körperzellen, die sich ja im Laufe der Kindheit und Jugend bis zum Ausgewachsensein drastisch vermehren. Doch noch verblüffender ist folgende Tatsache: Ab der Geburt nimmt die Vernetzungsdichte der Dendriten und die Bildung neuer Synapsen extrem zu (so können sich bis zu zwei Millionen Synapsen pro Sekunde bilden!). Dieser Gehirnwachstumsprozess läuft nun aber nicht, wie man es sicherlich erwarten würde, bis zum Erwachsenenalter ab, sondern erstaunlicherweise nur bis etwa zum vierten Lebensjahr des Kindes. In diesem Alter ist die Vernetzungsdichte dann sogar etwa 50 Prozent höher als im Erwachsenenalter! Das heißt also, dass ab etwa dem vierten Lebensjahr Milliarden und Abermilliarden von Dendriten, die für die Informationsleitung zwischen den Neuronen zuständig sind, einfach abgebaut werden – und zwar vermutlich unwiederbringlich! (Der manchmal vorge-

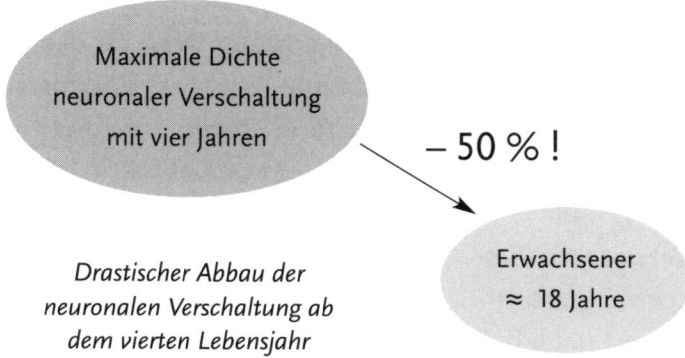

tragene Einwand, dass ein solcher Abbau wichtig ist, weil es prinzipiell besser ist, die vielen kleinen »Feldwege« auszumerzen und stattdessen eher schnelle und breite Daten-Autobahnen zu bauen, ist nur mit Einschränkung richtig: Denn es geht doch darum, möglichst viele gut funktionierende »Autobahnen« im Gehirn aufzubauen und sich nicht mit ein paar wenigen zufrieden zu geben, die nur für alltägliche Anforderungen ausgelegt sind.)

Es scheint somit so zu sein, dass uns die Evolution bezüglich der geistigen »Hardware« mit einem immensen Potential auszustatten versucht; wird dieses Potential jedoch bis zu dem recht frühen Alter von etwa vier Jahren nicht in irgendeiner Form genutzt, so ist dies ein Signal für das Gehirn, das abzubauen, was anscheinend unnötig ist.

Dies kann in Bezug auf das Lernen und die Entwicklung des Gehirns nur eines heißen: Kleinkinder sollten möglichst viele unterschiedliche Erfahrungen machen, mit allen Sinnen die Welt erkunden, verschiedene Eindrücke von der Umwelt sammeln und durch zahlreiche körperliche Aktivitäten den eigenen Körper spüren und kontrollieren lernen. Wobei die richtige Mischung aus

Neuem und Wiederholung ebenfalls von entscheidender Bedeutung ist, denn die Wiederholung macht das Neue für das Gehirn erst auf Dauer interessant. Und keine Angst vor Überforderung! Im Gegenteil, um es provokant zu formulieren: *In der Regel werden Kleinkinder unterfordert, denn Eltern sind meistens viel fauler, als Kinder neugierig sind!*

Beherzigt man diese wissenschaftliche Erkenntnis über die Gehirnentwicklung, legt man für das Kind den Grundstein für enorme geistige (und körperliche) Fähigkeiten.

Lernfenster und Fremdsprachenerwerb

Es gibt noch eine weitere wichtige wissenschaftliche Erkenntnis zur Gehirnentwicklung, die allen Eltern, Kindergartenerzieherinnen und Lehrern bekannt sein sollte. Doch zuerst Folgendes als Hintergrundinformation: Neben der Dendritenvernetzung im Gehirn existieren auch noch andere anatomische und physiologische Faktoren, die für die Entwicklung des Gehirns und damit für die geistige Leistungsfähigkeit von entscheidender Bedeutung sind. Zum Beispiel sind dies Prozesse, die zu einer deutlich erhöhten Leitungsgeschwindigkeit von Signalen entlang der Hauptleitungsbahn (Axon) von Gehirnzellen führen (Myelinisierung genannt), außerdem Wachstumsprozesse von weiteren wichtigen Zellarten wie den Gliazellen im Gehirn oder der Ablauf eines festgelegten Entwicklungsprogramms, der dazu führt, dass das Gehirn sich während der Kindheit nicht in allen Arealen gleich schnell entwickelt, sondern schubartig und bezüglich unterschiedlicher Fähigkeiten zu verschiedenen Zeitpunkten!

Was bedeutet das aber in der Praxis? Nun, der Mensch hat bestimmte Zeitfenster, in denen er für das Erlernen spezieller Fähigkeiten besonders offen ist. Man spricht in diesem Zusammenhang von Lernfenstern (auch gelegentlich als »sensible Phasen« bezeichnet) für menschliche Fähigkeiten, wie Musikgefühl, Sprache(n), Logik/Zahlenverständnis, Motorik etc.

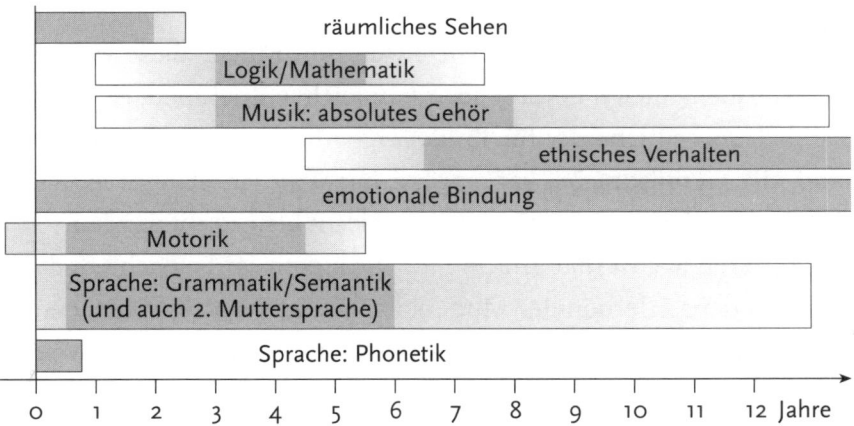

Lernfenster (sensible Phasen) bei Kindern zu Ausprägung verschiedener Fähigkeiten

Aus obigem Diagramm sind einige interessante Informationen ersichtlich. Die Entwicklung eines absoluten Gehörs beim Kind, also die Fähigkeit, ohne akustische Vergleichsmöglichkeit die Tonhöhe zu bestimmen, ist ein Paradebeispiel für die Existenz von Lernfenstern. Diese Fähigkeit ist eine extrem seltene Gabe, die schätzungsweise nur bei einem von 10 000 Menschen vorkommt. Eine Studie ergab jedoch, dass Kinder, die vor dem vierten Lebensjahr Musikunterricht erhalten hatten, zu 95 Prozent über das absolute

Gehör verfügten! Dagegen waren es nur 55 Prozent von denen, die sich erst als Zwölfjährige intensiv mit Musik beschäftigt hatten.

Ferner sieht man anhand des Lernfensters für Logik/Mathematik, dass es unsinnig ist, bereits einem sechs Monate alten Kind logisches Verständnis und Mathematik beizubringen; das entsprechende Lernfenster ist dann einfach noch nicht offen. Andererseits ist es genauso wenig sinnvoll, ein Kind mit einer Zweitsprache – in Deutschland ja meistens Englisch – erst mit elf oder zwölf Jahren zu konfrontieren. Die Hauptzeit, in der die Kinder diese zweite Sprache (oder auch mehrere) noch sehr leicht aufnehmen, ist dann nämlich vorbei! Und der für Kinder eigentlich kinderleichte Lernstoff (die Fremdsprache) kann später nur über jahrelanges hartes Büffeln und Pauken mehr recht als schlecht beherrscht werden.

Letzteren Sachverhalt möchte ich noch genauer beleuchten, da man bei dem Erlernen der Muttersprache durchaus verschiedene Aspekte unterscheiden muss. Es ist bekannt, dass es auf der Welt viele tausend Sprachen gibt, die mit insgesamt etwa 400 kleinsten lautlichen Einheiten, so genannten Phonemen, auskommen. Eine einzelne Sprache, wie Deutsch, Englisch oder Italienisch, besteht jedoch nur aus 30 bis 40 von ihnen. Verblüffend ist nun, dass ein Kleinkind bis etwa zum achten Monat noch in der Lage ist, alle diese 400 Phoneme zu lernen und somit fähig ist, jede Sprache auf der Welt sprechen zu lernen. Nach dieser Zeit verliert das Kind jedoch diese Fähigkeit der Unterscheidung zwischen allen 400 Phonemen und beherrscht nur jene Laute, die es in den ersten Monaten von den Bezugspersonen gehört hat. Somit lernt ein Kind eine Fremdsprache (insbesondere einer anderen Sprachfamilie) nur dann problemlos akzentfrei, wenn es mit dieser Sprache vor dem achten Lebensmonat konfrontiert wird.

Das Lernfenster für die Grammatik und Semantik einer Sprache ist dagegen etwas breiter. Aber auch hier weiß man, dass ein Kind die Sprache niemals perfekt beherrschen lernen kann, wenn es bis zum zwölften Lebensjahr nicht damit konfrontiert wird.

Welches unglaubliche Potential Kinder in den ersten zwei bis fünf Jahren ihres Lebens haben, kann man übrigens besonders am Sprachenerwerb für Muttersprachen sehen. Denn jedes normale Kind ist im Grunde in der Lage, zwei oder auch drei Sprachen gleichzeitig perfekt wie die Muttersprache zu lernen, wenn man es nur richtig macht und folgende Punkte beachtet:

▶ Kontakt mit der Sprache gleich nach der Geburt,

▶ konsequente Zuordnung von Sprache zu Bezugsperson oder Umfeld,

▶ regelmäßige Konfrontation mit jeder Sprache im normalen Tagesablauf

Neueste Erkenntnisse aus der Gehirnforschung bestätigen auch dieses: Wird eine zweite Sprache von Geburt an wie eine Muttersprache gelernt, so sind beide Sprachen im gleichen Gehirnareal abgespeichert, erlernt ein Kind die Fremdsprache erst viel später in der Schule oder als Erwachsener, so wird ein ganz anderes Gehirnareal benötigt.

Gesetz von Yerkes und Dodson

Dieses Gesetz zum Zusammenhang von Erregungszustand und Leistung (sowie der Aufgabenschwierigkeit) ist zwar schon sehr alt (1908), aber auch für das Lernen immer noch sehr wichtig (und wird von vielen häufig nicht beachtet). Folgende Kurve zeigt, wie sich diese beiden Faktoren zueinander verhalten.

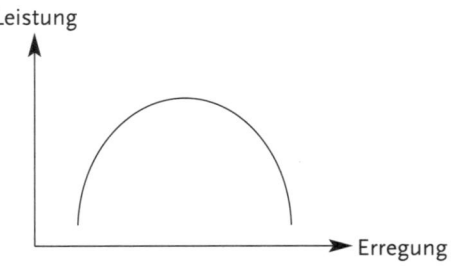

Gesetz von Yerkes und Dodson

Die hufeisenförmige Kurve zeigt deutlich, dass zu wenig Erregung wie auch zu viel Erregung für das Hervorbringen von (mentaler) Leistung in gleicher Weise nachteilig sind.

Ist man nämlich zu wenig erregt, was im Grunde heißt, dass man müde, abgespannt oder vom Lernstoff gelangweilt ist, so wird das Gehirn nicht richtig aktiviert und zeigt entsprechend allgemein schlechte Ergebnisse und speziell miserable Gedächtnisleistungen. Hieraus resultiert, dass man sich im Vorfeld des Lernens schon auf ein ausreichendes Erregungsniveau bringen muss. Sich gelangweilt und müde zum Lernen an den Tisch zu setzen – auch wenn es vielleicht sogar viele Stunden sind – bringt kaum etwas! Ein kurzes Nickerchen, ein paar Sportübungen oder eine (zum Beispiel für sich selber festgelegte) Motivation für die Beschäftigung mit dem Lernstoff wirken manchmal Wunder.

Auf der anderen Seite führt ein Zuviel an Erregung (Aufregung oder gar Stress) ebenfalls zu einem Leistungsabfall. Gründe hierfür können die Angst sein, den Lernstoff nicht verstehen oder behalten zu können, aber auch Zeitdruck beim Lernen oder ein vo-

rangegangenes aufwühlendes Erlebnis wie der Streit mit einem
Freund. Auf all diese Punkte
sollte man vor dem Lernprozess
achten und sie entweder »ab-
stellen« oder die Lernphase auf einen geeigneteren Zeitpunkt verschie-

*Wo der Anteil
sich verliert, verliert sich
auch das Gedächtnis.*
Johann Wolfgang von Goethe

ben. Denn Lernen ist weniger eine Frage der
Zeit als vielmehr eine Frage der Effektivität und Intensität.

Priming oder: Wie »frisiere« ich mein Gehirn?

Dieses psychologische Fachwort basiert auf dem englischen Wort
»*to prime*« = vorbereiten. Hiermit ist gemeint, dass Gedächtnis-
und Lernleistungen durch eine geistige Vorbereitung zur Aufnahme des neuen Lernstoffes deutlich verbessert werden können.
Eine solche Vorbereitung bezieht hauptsächlich folgende Punkte
ein:

1. Das Aktivieren und Abrufen von Kenntnissen über das zu lernende Themengebiet, welche bereits im Langzeitgedächtnis
   vorhanden sind.
2. Das vorausschauende Abschätzen der durch das durchzuarbei-
   tende Lernmaterial vermittelten Informationen.
3. Die Gründe, Ziele und Motivationen zur Beschäftigung mit
   dem neuen Lernstoff.
4. Das schriftliche Niederlegen von Fragen, die für einen selbst
   von großer Wichtigkeit sind und die man durch den Lernstoff
   abgeklärt haben möchte.

Beachtet man diese Punkte vor jeder größeren Lernaufgabe, so kann man sicher sein, dass man leichter, besser und mit mehr Spaß lernt.

In diesem Zusammenhang ist noch ein anderer Lerntipp von großer Bedeutung: Wann immer du eine wichtige Information aufnehmen sollst, versuche vorher, selber zu einer Antwort zu kommen! Wenn ich irgendwo eine interessante Zahl gelesen habe wie zum Beispiel »Wie viele Zigaretten rauchen die Deutschen jährlich?«, dann würde ich das meinen Freunden nie mitteilen, ohne sie vorher aufzufordern, selbst eine Antwort zu geben (was sie zugegeben manchmal durchaus nervt). Unabhängig davon, ob ihre Antwort total daneben oder extrem gut ist, nur durch den Vorgang des eigenen vorherigen Überlegens »primen« sie sich und legen ein sicheres Fundament für eine gute Abspeicherung der neuen Information!

Kontextabhängiges Lernen

Der wissenschaftliche Ausdruck »kontextabhängiges Lernen« besagt, dass Lernstoff am besten behalten wird, wenn er im gleichen Kontext (lat. *contextus* = Zusammenhang) gelernt wird, in dem er später wieder abgerufen werden soll.

Ein Beispiel: Was man auf dem Rücken liegend mit seiner Lieblingsmusik im Hintergrund zu Hause gelernt hat, wird man bei einer Prüfung im Sitzen und mit ruhigem Umfeld ohne Musik nur teilweise wiedergeben können, zumindest schlechter als in seinem Zimmer liegend mit Lieblingsmusik.

Dieses wichtige Lernphänomen wurde von Prof. Alan D. Baddeley ausführlich mit Tauchern untersucht, die sich unter unterschiedlichen Bedingungen – unter Wasser und am Strand – etwas eingeprägt haben und dann am gleichen oder an einem anderen Ort den Lernstoff wiedergeben sollten. Die Erinnerung war stets dort besser, wo sie die Information ursprünglich aufgenommen hatten.

Deshalb sollte man beim Lernen also die Situation vorwegnehmen, in der man den Stoff später wieder benötigt.

Ein Erklärungsansatz für dieses Phänomen ist sicherlich, dass man eine Information niemals ganz isoliert lernt, sondern viele Informationen des Umfeldes, in dem man lernt, unbewusst assoziativ (siehe Gedächtnisfaktor: Assoziation) mit aufnimmt. Durch diese beim Lernen zusätzlich entstandenen Assoziationen sind dann Erinnerung und Wiedergabe besser, wenn Lernumfeld und Wiedergabeumfeld möglichst ähnlich sind.

Übrigens ist ein Spezialfall des kontextabhängigen Lernens das »zustandsabhängige Lernen«. Dieser Begriff bezieht sich nicht auf das äußere Umfeld beim Lernen, sondern vielmehr auf den eigenen emotionalen oder physiologischen Zustand. So kann sich ein Alkoholiker häufig nicht mehr an Dinge, die er im betrunkenen Zustand gelernt oder erfahren hat, erinnern, wenn er nüchtern ist – trinkt er jedoch wieder Alkohol, kehrt die Erinnerung häufig zurück.

Dies soll keine Aufforderung zum Trinken von Alkohol sein, denn dies ist für das Lernen wirklich schädlich. Für dich mag das Ergebnis einer anderen wissenschaftlichen Untersuchung viel interessanter sein: Isst man beim Einprägen von Unterrichtsmaterial Schokolade, dann kann es helfen, wenn man auch in der Prüfung Schokolade isst! Warum, wissen wir ja jetzt.

Zeigarnik-Effekt

Unter diesem seit Jahrzehnten wissenschaftlich erforschten, nach der russischen Psychologin Bljuma Zeigarnik benannten Effekt, der jedoch leider nicht den Weg zur breiten Allgemeinheit gefunden hat, versteht man das Phänomen, dass ein noch nicht abgeschlossener Lernstoff länger und besser in Erinnerung bleibt. Gut kennt man diesen Effekt vielleicht aus dem Fernsehalltag. Wenn man das mit Hochspannung erwartete, auflösende Ende eines Films aus irgendwelchen Gründen nicht mitbekommen hat, so behält man diesen Film sehr lange in Erinnerung. Es scheint fast so, als ob das Gehirn immer noch auf die Auflösung wartet und deshalb einerseits die entscheidenden Fakten des Films behält, aber andrerseits auch die kritischen Geschehnisse der Filmstory weiter verarbeitet, um vielleicht selbst auf ein mögliches »Finale« zu kommen.

Beim gezielten Lernen kann man diesen Effekt am besten für sich nutzen, wenn man zum Beispiel sich in Deutsch den letzten Teil eines Buches oder Textes möglichst lange vorenthält. Aber auch in den Fächern Chemie oder Physik sollte man sich nicht gleich mit der abschließenden Schlussfolgerung von Experimenten oder Argumentationen berieseln lassen, sondern seinem Gehirn einige Stunden oder Tage selbst die Chance geben, bewusst oder unterbewusst ein »Entdecker« zu werden.

Interferenz

Wenn zwei oder mehrere Informationen so ähnlich sind, dass sie sich gegenseitig beim Lernprozess stören, dann spricht man von Interferenz. Dies tritt leicht auf, wenn der ahnungslose Englischlehrer versucht, dem verzweifelten Schüler ähnlich klingende Vokabeln, wie »*whole*«, »*hole*«, »*haul*«, gleichzeitig beizubringen. Es ist wohl gut gemeint, macht die Sache aber aufgrund des Interferenz-Phänomens meistens schwieriger.

Nur unter einer Bedingung kann dies funktionieren: Diese wechselseitige Störung von ähnlichen Informationen findet im so genannten Kurzzeitspeicher des Gedächtnisses statt, wo eine neue Information für ganz kurze Zeit gespeichert und verarbeitet wird. Dort ist jedoch nicht viel »Platz«, und deshalb stören sich die ähnlichen Informationen. Ist jedoch eine ähnliche Information bereits fest im Langzeitgedächtnis gespeichert, wie zum Beispiel das Wort »*hole*«, so kann man getrost dieses Wort als Ankerpunkt für ein neues, ähnlich klingendes Wort wie »haul« in den Lernprozess einschließen.

Es ist also beim Lernen stets darauf zu achten, dass man nicht zu viele einander ähnliche Informationen gleichzeitig aufnimmt, sondern immer nur Stück für Stück. Nicht nur der Magen, sondern auch das Gehirn braucht Zeit zum »Verdauen«!

Übrigens ist das Interferenzphänomen auch der Hintergrund für einen weiteren Lerntipp: Nach einer intensiven Lernphase sollte man sich mit etwas ganz anderem beschäftigen, auf keinen Fall mit etwas fachlich oder thematisch Ähnlichem. Auch Zeitung lesen wäre im Grunde eine Aufnahme weiterer Informationen, die mit der vorher gelernten Information zu Interferenzstörungen und damit zum schlechteren Behalten führen könnte. Musik hören oder noch besser spazieren gehen oder eine sportliche Betätigung sind viel sinnvoller.

Emotionen und Lernen

Wissenschaftlich ist eindeutig erwiesen, dass emotional aufgeladener Lernstoff wesentlich besser behalten wird als in »trockener« Form dargereichter. Dies hat man bewiesen, indem die gleichen entscheidenden Informationen den Versuchspersonen in zwei unterschiedlichen Versionen vorgetragen wurden – einmal emotionsgeladen und einmal rein sachlich. Die emotionsgeladene Geschichte führte zu einem längeren Behalten sogar der in den Vortrag eingesponnenen Fakten im Vergleich zur sachlichen Geschichte.

In anderen Experimenten wurde gezeigt, dass die Gedächtnisleistungen sich verschlechterten, wenn man Versuchspersonen, die eine Lernaufgabe zu bewältigen hatten, vorher ein Medikament (β-Rezeptorenblocker) gab, welches die emotionalen Reaktionen dämpft.

Des Weiteren konnte auch nachgewiesen werden, dass der emotionale Zustand, in dem man sich bei der Aufnahme des Lernstoffes befindet, entscheidend für die Behaltensleistung ist, wobei ein positives Grundgefühl die besten Ergebnisse hervorbrachte.

Lernen, wenn man gute Laune hat oder wenn man gerade etwas Lustiges erlebt oder eine witzige Fernsehsendung gesehen hat – gerade wenn es viel zu lachen gab, wird also auch von der Wissenschaft als ideal angesehen.

So mancher mag nun kritisch entgegenhalten: »Aber ich habe einfach keine Lust, und es macht mir überhaupt keinen Spaß, dies oder jenes zu lernen! Was soll ich dann machen?«

Meine Antwort ist genauso einfach wie schwierig: »Dann rede dir einfach ein, dass du Spaß hast!«. Häufig (gerade in der Schule oder im Studium) kann man nicht selbst bestimmen, was man lernen möchte, also muss man es einfach tun. Es ist dann nur die eigene Entscheidung, ob man sich vielleicht jahrelang damit lustlos herumquält (und in diesem Fach immer schlecht sein wird) oder seine negative Einstellung zu dem »nervigen« Fach zu einer positiven Grundhaltung abändert. Wir Menschen haben die Möglichkeit zu einer solchen bewussten Steuerung unser Empfindungen und Einstellungen; auch wenn dies nicht leicht ist.

> *So wie das Essen ohne Lust der Gesundheit schädlich wird, so verdirbt das Lernen ohne Wissbegier das Gedächtnis und behält nichts von dem, was es auffängt.*
> Leonardo da Vinci

Doch einen oder mehrere Versuche ist es allemal wert!

Techno-Musik oder Mozart?

Viele Eltern sind häufig voller Unverständnis oder sogar genervt, dass ihre Kinder beim Lernen die Stereoanlage aufdrehen. Auf die Aufforderung, die Musik leiser zu stellen oder gar auszumachen, antworten die Kinder nicht selten mit: »Dann kann ich aber nicht so gut lernen!«

Ist da was dran? In der Tat schien vor einigen Jahren durch ein Experiment (1993, Frances H. Rauscher) gezeigt worden zu sein, dass sich sogar der Intelligenzquotient nach dem Anhören von Musikstücken von Mozart bei den Versuchspersonen (kurzfristig) erhöht hatte – und so entwickelte sich der Ausdruck »Mozart-Effekt«. Doch konnten diese Ergebnisse nicht eindeutig wissenschaftlich bestätigt werden, somit darf dieser vermeintliche »Mozart-Effekt« als vergebliche Hoffnung schürende »Ente« angesehen werden (was den Amerikaner Don Campbell nicht davon abhielt, den Begriff »Mozart-Effekt« als Marke schützen zu lassen und ihn dann massiv kommerziell auszuschlachten). Aber es gab auch andere Untersuchungen zum Zusammenhang zwischen Lernfähigkeit und Musikhören. Dabei testete man, welchen Einfluss im Hintergrund abgespielte verschiedene Musiktypen, wie klassische Musik, Techno-Musik oder die Pop-Lieblingsmusik auf den Lernerfolg hatten. Als allgemeine Regel kam dabei heraus, dass die Lernleistung am besten war, wenn überhaupt keine Musik beim Lernen lief – dies kann man sich leicht dadurch erklären, dass das Gehirn neben dem Lernstoff auch die Musik verarbeiten muss und somit für das Lernen nicht die volle Leistungsfähigkeit zur Verfügung steht.

Es gab allerdings einige wenige Ausnahmen von Versuchspersonen, die in der Tat mit ihrer Lieblingsmusik besser lernten – vielleicht weil sie mit dem Lernen Angst und Stress verbinden und die für das Lernen negativen Faktoren durch ihre Lieblingsmusik vermindert wurden.

Vor diesem wissenschaftlichen Hintergrund sollte man selber herausfinden, unter welchen Bedingungen man am besten lernt – häufig ist es besser, eine Stunde voller Konzentration zu lernen, als

drei Stunden des Nachmittages mit einem Mischmasch aus ge-
quälten Lernversuchen und angenehmer Musikberieselung zu ver-
geuden.

Schlafhygiene

Schlaf ist kein unnötiger Luxus, den sich der Mensch oder fast alle
höher entwickelten Tiere gönnen, sondern erfüllt wichtige Funktionen. Während des Schlafes laufen im Gehirn Prozesse zur Rege-
nerierung, Verarbeitung und Umstrukturierung ab, die nicht nur
für das psychische Wohlbefinden, sondern auch für das Lernen
sehr bedeutend sind. Der hier verwendete Begriff Schlafhygiene
soll die Bedeutung des gesunden Schlafs gerade für einen in einer
intensiven Lernphase befindlichen Menschen andeuten. Eine bewusste Verkürzung des Schlafes, weil man unbedingt noch nachts
etwas einpauken will oder weil man meint, die Party bis in die frühen Morgenstunden ausdehnen zu müssen, hat einen genauso
nachteiligen Effekt wie Mittel, welche den normalen Schlafablauf
stören wie zum Beispiel Schlafmittel, Kaffee oder Alkohol. So können schon wenige Gläser Bier den während des Tages so mühsam
aufgenommenen Lernstoff wieder zu 30 Prozent aus dem Gedächtnis löschen! Ein geregelter Tagesablauf mit einer auf die eigenen Bedürfnisse abgestimmten Schlafzeit und Schlafdauer (normal: etwa sieben bis acht Stunden) gehört somit zum Erreichen eines Lernoptimums. Sicher ist: Es gibt keinen Gedächtnis-Weltmeister, der die Nächte vor einer Meisterschaft durchfeiert.

Wissenskonsolidierung

Der Begriff »Wissenskonsolidierung« hängt in starkem Maße mit dem vorhergehenden Thema »Schlafhygiene« zusammen. Denn es ist mehrfach wissenschaftlich gezeigt worden, dass der Schlaf eine wichtige Funktion für den Abspeicherungsprozess von neu gelernter Information im Gedächtnis spielt. Kaum zu glauben, aber unter bestimmten Versuchsbedingungen war die Erinnerungsmenge nach einem nächtlichen Schlaf deutlich besser als am Abend vor dem Schlafengehen – obgleich ja viele Stunden vergangen waren, in denen der Vergessensteufel schon hätte zerstörerisch am Werk sein müssen.

In der Tat spielt der Schlaf eine ungemein wichtige Rolle für die feste Abspeicherung von Wissen, was man wissenschaftlich als »Wissenskonsolidierung« (Wissensverfestigung) bezeichnet.

Hieraus ergibt sich ein entscheidender Lerntipp: Da während der Nacht vornehmlich einerseits sehr starke Eindrücke des Tages und andererseits eher die nicht so weit zurückliegenden neuen Informationen verarbeitet und im Langzeitgedächtnis fest verankert werden, sollte man nach einem langen Lerntag abends keine aufwühlenden Filme mehr sehen; und man sollte die wichtigsten Lerninformationen direkt vor dem Einschlafen noch einmal wiederholen (10 bis 15 Minuten reichen dafür in der Regel). Das mag vielleicht etwas mühselig und anstrengend sein, doch unser Gedächtnis wird uns dafür reich belohnen.

Unbekannte, aber fantastische Lerntechniken

In diesem Kapitel möchte ich einige Techniken und Systeme vorstellen, die ziemlich unbekannt sind, aber dennoch in vielen Fällen für das Lernen zum Beispiel in der Schule oder der Universität ganz prima eingesetzt werden können. Insbesondere ohne die beiden ersten Techniken/Systeme kann kein Gedächtnis-Weltmeister seine unglaublichen Gedächtnisleistungen erbringen, denn sie sind einerseits für Zahlen und andererseits für das Abspeichern und sichere Abrufen von Wissensinformationen und Fakten unentbehrlich. Außerdem wird im Anschluss daran eine sehr gut funktionierende Methode für das schnelle Einprägen von Vokabeln beschrieben, welche auch noch Spaß bringt! Die dann am Schluss dieses Kapitels beschriebene weitere Technik bezeichne ich als »Logomonik«, mit der man durch »künstliche Logik« zu hervorragenden Gedächtnisleistungen kommen kann.

Master-System: Zahlen werden zum Kinderspiel

Zahlen sind etwas sehr Abstraktes und Unanschauliches. Dies hat bereits 1899 der bekannte amerikanische Schriftsteller Mark Twain (Autor von *Tom Sawyers Abenteuer*) mit treffenden Worten ausgedrückt: »*Zahlen sind in monotoner Weise unauffällig in ihrem Aussehen, und sie haften nicht, sie formen keine Bilder, und sie geben den Au-*

gen keine Chance zu helfen.« Deshalb fällt es den meisten sehr schwer, sich mehr als nur ein paar Zahlen schnell einzuprägen. Viele haben sich selbst eine Methode zurechtgelegt, um Zahlen abzuspeichern. Ob es nun das häufige Wiederholen, das Einprägen einer entsprechenden Figur auf der Telefontastatur, das Verbinden mit Farben oder das Erkennen logischer Assoziationen zwischen den einzelnen Ziffern ist. Und wenn man sehr viel kindliche Fantasie besitzt, kann man sich eine »merkwürdige« Geschichte ausdenken (siehe Kasten: Das Zahlen-Märchen vom kleinen Henrik B.).

Die Welt der Zahlen

Es ist erstaunlich, dass kaum ein Mensch ein wirklich gutes System zum Lernen von Zahlen besitzt. Zahlen sind in unserer Welt etwas sehr Häufiges und Bedeutendes, und trotzdem hat man uns nie beigebracht, wie man sich Zahlen sicher und leicht einprägen kann. Bevor wir einen kleinen Test machen, überlege selbst einmal, wo und in welcher Form du überall auf Zahlen triffst. Beispiele wären Telefonnummern, Pin-Codes, Preise oder Geschichtszahlen.

Wo finden sich Zahlen in *deiner* Welt?

_____

_____

_____

Das Zahlen-Märchen vom kleinen Henrik B.

Vor einiger Zeit hat mir der verdutzte Vater eines 10-jährigen Jungen einen Brief geschickt, in dem er schilderte, wie sein Sohn eines Tages ganz fasziniert Zahlen lernte. Begeistert von den kleinen, am Vortag durchgeführten Zahlen-Lernübungen, wollte sein Sohn am nächsten Morgen unbedingt noch vor dem Frühstück eine 101-stellige Zahl memorieren, die der Vater ihm auch prompt aufschrieb: 1357986421597223786900764537685541288067781169 8135019756327981977909178713256725234259180111427193355. Und tatsächlich! Noch vor dem Frühstück zählte Henrik seinem völlig verblüfften Vater alle Ziffern in der richtigen Reihenfolge auf. Auf die Frage, wie er das denn nur hatte anstellen können, gab der kleine Henrik die folgende Geschichte zum Besten:

13 57-jährige sind 9mal 8erbahn gefahren. Sie mussten sich 64mal übergeben und haben auch noch 21mal in die Hose gemacht. Die Reinigungskosten betrugen 59,72 €, die Mehrwertsteuer 23,78 €. Dann sind sie noch 6mal 9erbahn mit James Bond 007 gefahren. Das Ticket für diese Fahrt kostete 645,37 €. Dann fuhren sie noch weitere 6mal 8erbahn, mussten sich 55mal übergeben und machten 41mal in die Hose. Die Reinigung kostete »nur« 28,80 € und die Mehrwertsteuer 67,78 €. (Die nächsten 9 Zahlen habe ich mir »einfach so« gemerkt.)

1975 war ich 63, und das Jahr 2798 gibt es noch nicht. 1977 war der 90ste Weltkrieg und dort starben leider 9178 Menschen. 713 Kriminalpolizisten jagen 256 Gangster. Jeder erschießt einen, und so bleiben 7252 übrig. 34 25-jährige essen 91 Döner, gehen 80mal zu McDonald's und trinken 11 Schnäpse. (»Die nächsten 10 Ziffern habe ich mir wieder einfach so gemerkt«.)

Es ist doch einfach toll, wie fantasievoll Kinder sein können!

Ein kleiner Test zum Anfang

Bevor ich das wohl beste System zum Lernen von Zahlen erkläre, solltet ihr am eigenen Leib erfahren, wie schwer es eigentlich ist, sich Zahlen einzuprägen. Dafür bekommst du sieben Telefonnummern, die jeweils achtstellig sind. Die Aufgabe ist nun, sich so viele wie möglich fehlerfrei (!) in genau fünf Minuten einzuprägen. Achte darauf, dass du dir die Telefonnummern wirklich ganz richtig einprägst (lieber weniger und dafür ganz korrekt!) und auch die Zeit exakt einhältst – am besten lässt du die Zeit von deinen Eltern oder einem Freund stoppen:

1. Telefonnummer:	3	3	4	0	6	8	5	1
2. Telefonnummer:	2	4	3	0	7	6	8	6
3. Telefonnummer:	9	0	1	9	4	3	9	3
4. Telefonnummer:	3	4	4	5	0	7	7	5
5. Telefonnummer:	1	2	9	5	9	9	3	1
6. Telefonnummer:	6	2	9	4	8	4	0	3
7. Telefonnummer:	4	4	0	8	3	5	1	6

Wenn die fünf Minuten zu Ende sind, trage aus dem Gedächtnis die gemerkten Zahlen in die nachstehenden Felder ein (schummle aber nicht, indem du noch mal auf die Telefonnummern schaust!).

1. Telefonnummer: _____

2. Telefonnummer: _____

3. Telefonnummer: _____

4. Telefonnummer: _____

5. Telefonnummer: _____

6. Telefonnummer: _____

7. Telefonnummer: _____

Na, wie hat es geklappt? Schwer, oder? Um dich selber einschätzen zu können, gibt es zu diesem Text folgende grobe Bewertung: 0 bis 1 Telefonnummer = unterdurchschnittlich; 2 vollständige Telefonnummern = guter Durchschnitt; 3 = sehr gut; 4 = überragend (etwa 1 Person von 50); 5 = phänomenal; 6 = genial; 7 = Du kannst das Master-System schon, oder?

Das Master-System zum Meistern der Zahlen

Zum Einprägen von Zahlen ist das Master-System sehr effizient. Dieses System soll etwa im Jahre 1648 entstanden und von einem Herrn J. Winkelmann aus Marburg in seinen Grundzügen entwickelt worden sein (übrigens hat sich auch der große deutsche Philosoph Gottfried Wilhelm Leibniz mit diesem Zahlensystem beschäftigt). In den nachfolgenden Jahrhunderten wurde es dann

Mit olympischem System »Hui«, ohne System »Pfui«!

Einer meiner Lieblingsgeschichten über die fantastische Leistungsfähigkeit des Master-Zahlen-Systems stammt aus einem meiner Kurse mit Kindern. So stellte ich im Jahr 2000 aus Anlass der Olympischen Spiele in Sydney einer Truppe von Jungen, die ich schon seit langer Zeit regelmäßig trainiert hatte und die später auch alle in die Deutsche Junioren-Gedächtnis-Nationalmannschaft aufgenommen wurden, die Aufgabe, in fünf Minuten sämtliche 27 Olympischen Städte mit den zugehörigen Jahreszahlen der dort stattgefundenen (oder geplanten) Olympiaden zu lernen. Ich darf sagen, das Ergebnis war erschreckend – im Durchschnitt hatten sie nur fünf bis sechs Stadt-Jahr-Kombinationen in dieser Zeit gelernt. Einige Wochen später testete ich sie noch einmal; wie nicht anderes zu erwarten, wussten sie jetzt noch weniger – mäßige zwei bis drei Kombinationen. Keiner von ihnen hatte das Master-System zum Lernen eingesetzt. Jetzt zeigte ich ihnen durch einige Beispiele, wie sie dieses System für die Aufgabe verwenden konnten. Dann testete ich sie noch einmal. Zu meiner Freude und zu ihrem eigenen Erstaunen hatte nun jeder von ihnen sich in etwa fünf Minuten alle 27 Stadt-Jahr-Kombinationen fehlerfrei eingeprägt!!! (Wie das geht, wird jetzt verraten.)

von anderen weiter ausgebaut und verbessert, wobei die bekannteste und hier vorgestellte Version von Aimé Paris stammt, einem Gedächtnisexperten aus Frankreich, der im 19. Jahrhundert lebte.

Der Grundgedanke des Master-Systems ist die Codierung der einzelnen Ziffern von 0 bis 9 zu Konsonanten, wobei bei der Zuordnung auf einprägsame Merkmale geachtet wurde.

Die vollständige Codierung ist nachfolgend aufgeführt:

Ziffer-Konsonanten-Codierung
(Basis des Master-Systems)

Ziffer	Haupt-konsonant	Merkhilfen	weitere Konsonanten
0	z	0 ist im Roulette »Zero«	s, ß, weiches c
1	t	1 sieht aus wie t	d
2	n	n hat 2 Striche	–
3	m	m hat 3 Striche	–
4	r	r ist der letzte Buchstabe von vier	–
5	l	L ist das römische Zeichen für 50	–
6	sch	»Schöner Sechser im Lotto«	ch, j, weiches g
7	k	sehen etwas ähnlich aus	ck, hartes g und c
8	f	Altdeutsches f ähnlich zu 8	v, w, ph
9	p	p ist das Spiegelbild zu 9	b

Da das deutsche Alphabet mehr Konsonanten enthält, als wir Ziffern haben (nämlich 10), sind einige Ziffern mehrfach mit Konsonanten belegt, wobei hauptsächlich der Klang über die Mehrfachzuordnung entscheidet. So klingt zum Beispiel das b ähnlich wie ein p und wird somit ebenfalls der 9 zugeordnet. Und da das d ähnlich wie t klingt, kann es ebenfalls als Codierkonsonant für die Ziffer 1 stehen.

Mit Hilfe dieser festgelegten Ziffer-Konsonanten-Codierung lassen sich nun fast spielend Wörter für Zahlen bilden – und das ist ja das eigentliche Endziel!

Nehmen wir zum Beispiel die Zahl 40: Die »4« wird durch »r« wieder gegeben, die »0« dagegen kann mehrere Konsonanten bedeuten, also s, ß, c oder z. Nun muss man nur ein wenig Kreativität und Fantasie einsetzen, um für die Zahl 40 nach dieser Ziffer-Konsonanten-Codierung zu einem guten Wort zu kommen. So wäre zum Beispiel Reis, Roß, Rose oder RZ (Autokennzeichen für Ratzeburg) möglich; aber es gibt noch viele andere mögliche Master-Zahlen-Wörter – versuche, möglichst viele zu finden:

Deine Wörter für »40«:

_____

_____

_____

_____

_____

Wie ihr jetzt schon wisst, ist mit dem Master-System gemeint, dass man sich Zahlen als Wörter merkt. Um jedoch für alle Zahlen von 0 bis 99 Wörter zu finden, habe ich sieben Regeln aufgelistet, die man beachten sollte, um passende Wörter für alle 100 Zahlen zu finden:

Regeln zum Erstellen von Master-Wörtern

1. Das Master-Wort sollte mit einem Konsonanten beginnen, der nach der Ziffer-Konsonanten-Codierung der ersten Ziffer der Zahl entspricht (im Notfall könnte das Wort auch mit einem Selbstlaut beginnen).

2. Vokale (und der Buchstabe h) »zählen« nicht und können für das Master-Wort beliebig gesetzt werden.

   Master-Wort für 4: **Reh**

3. Im Master-Wort sollte die Anzahl der Konsonanten der Anzahl an Ziffern in der Zahl entsprechen (zum Beispiel führt eine 2-stellige Zahl zu einem Wort mit zwei Konsonanten).

   Master-Wort für 19: **Taube**

   Master-Wort für 49: **Raupe**

4. Sind zwei direkt hintereinander vorkommende identische Konsonanten akustisch nicht einzeln hörbar, zählen sie als ein Konsonant.

   Master-Wort für 45: **Rolle**

   Master-Wort für 32: **Mann**

5. Master-Worte sollten konkret und anschaulich sein, Hauptwörter sind meist besser als Tätigkeits- oder Eigenschaftswörter.

   Master-Wort für 54: **Leier**

   nicht »Lehre« oder »leer«

6. Der Klang des Wortes ist dafür entscheidend, ob es als Master-Wort gewählt werden darf.

   Master-Wort für 6:   **Schi** (auch möglich: Show)

7. Das Master-Wort sollte immer das gleiche anschauliche und lebhafte »mentale Bild« im Geiste hervorrufen; dieses sollte sich von anderen Master-Wörtern bildlich deutlich unterscheiden.

   Master-Wort für 30:   **Moos** (besser nicht Maus, Maus ist zu ähnlich zu Ratte)

   Master-Wort für 41:   **Ratte**

Kreatives Suchen von Master-Wörtern

Jetzt hättet ihr das Rüstzeug, um für alle 100 doppelstelligen Zahlen von 0 bis 99 eure eigenen Wörter nach dem Master-System zu finden (wenn ihr noch zwischen 0 bis 9 und 00 bis 09 unterscheiden wollt, braucht ihr dann noch zehn Master-Wörter mehr!). Wenn ihr Lust habt, versucht euch daran! Ansonsten habe ich auch eine Auflistung von meinen eigenen 100 Master-Begriffen angefügt. Ich muss allerdings noch einmal betonen, wie wichtig es ist, dass ihr die (eigenen) Master-Wörter mögt, ein klares Bild davon habt und dann auch immer das gleiche Bild für die entsprechende Zahl verwendet. So lernt ihr das System schnell. In vier bis fünf Stunden oder verteilt über drei bis vier Wochen beherrscht ihr dann die 100 Master-Wörter sicherlich schon enorm gut und seid fit für die Anwendung dieses fantastischen Systems, welches euch zum Meister der Zahlen machen wird!

Master-System-Codierung (0 bis 99)

Mögliche Master-Wörter für die Zahlen von 0 bis 99*

0	Sau	22	Nonne
1	Tee (Service)	23	Nemo
2	Noah	24	Narr (Hampelmann)
3	Mai (Blumen)	25	Nil (Schlauch)
4	Reh	26	Nische (Nasche)
5	Lee (Jeanshose)	27	Nike (Schuh)
6	Schi	28	Neffe
7	Kuh	29	Nappa (Leder)
8	Fee	30	Moos
9	Po	31	Matte
10	Tasse	32	Mann
11	Tot (Skelett)	33	Mama
12	Tanne	34	Meer (Wassereimer)
13	Team	35	Mehl/Müll
14	Teer	36	Masche
15	Tollwut (Hund)	37	Mac (Burger)
16	Tasche	38	Mafia (Kettensäge)
17	Theke	39	Mappe (Straßenkarte)
18	Taufe	40	Rose
19	Taube	41	Ratte
20	Nase	42	RAN (Mikrophon)
21	Naht	43	Rum

* Diese Auflistung, mit leichten Änderungen, ist meinem Buch »Erfolgs-Gedächt-nis«, Verlag Mosaik bei Goldmann, entnommen. Dort finden sich auch ausführli-chere Informationen, Beschreibungen und Beispiele.

44	Rohr	72	Kanne
45	Rolle	73	Kamm
46	Rauch	74	Karre
47	Rock	75	Keule
48	Reif	76	Koch
49	Raupe	77	Kacke
50	Lasso	78	Kaffee
51	Latte	79	Kappe
52	Linie	80	Fass
53	Leim	81	Fit (Kniebeuge)
54	Leier	82	Fahne
55	Lolli	83	WM (Medaille)
56	Loch	84	Fury (Pferd)
57	Lack	85	Falle
58	Lava (Gestein)	86	Fisch
59	Lupe	87	Waage
60	Schüsse	88	Waffe
61	Schutt	89	VIP (Krone)
62	Scheune	90	Bus
63	Schaum	91	Bett
64	Schere	92	Bahn
65	Schal	93	Baum
66	Schach	94	Bier
67	Scheck	95	Ball
68	Schaf	96	Buch
69	Scheibe (Glas)	97	Backe (Ohrfeige)
70	Käse	98	Bifi
71	Kette	99	Papa

Die Kreiszahl π als spannende Anekdote

In diesem Kapitel werde ich Anwendungen des Master-Systems beschreiben. Hier gibt es aber schon eine kleine Aufgabe für dich, damit du ein Gefühl dafür bekommst, wie toll diese Methode funktioniert. Du sollst mit Hilfe des Master-Systems nun die ersten 20 Stellen der Zahl π einprägen, und zwar mit einer so genannten Mental-Geschichte:

3, 14 15 92 65 35 89 79 32 38 46

Und die π-Mental-Geschichte geht so:

An einem wunderschönen Tag im Mai (3) rennst du auf einer frisch geteerten (14) Straße, denn du fliehst vor einem tollwütigen Hund (15), gerade noch rechtzeitig kannst du dich in eine Bahn (92) retten, doch im letzten Moment erwischt der Hund noch deinen wehenden Schal (65) und zerreißt ihn, natürlich kannst du ihn so nicht mehr gebrauchen und wirfst ihn in den Mülleimer (35) ...

Na, ist klar geworden, wie das funktioniert? Stelle dir die Geschichte ganz genau vor, schmücke sie möglichst bunt aus, und bringe Gefühle hinein, wie die Angst vor dem bissigen Hund oder die Erleichterung, noch in letzter Sekunde auf die rettende Bahn springen zu können. Beachte dabei möglichst viele der im ersten Kapitel beschriebenen Mentalfaktoren.

Wenn das alles gut funktioniert, verlängere die π-Mental-Geschichte mit viel Kreativität und Fantasie um die nächsten fünf doppelstelligen Zahlen. Viel Erfolg dabei!

Deine Fortsetzung der π-Mental-Geschichte:

_____

_____

_____

_____

_____

_____

_____

_____

Übrigens: Wenn du Lust hast, kannst du den am Anfang des Kapitels stehenden Telefonnummern-Zahlentest wiederholen – diesmal aber mit dem Master-System. Lass die vorhin bereits gelernten Telefonnummern weg, sicherlich hattest du nicht alle gelernt. Du darfst dafür natürlich für die Umwandlung auch in meine Liste der Master-Wörter gucken, denn ich erwarte noch nicht, dass du das Master-System schon einwandfrei beherrschst. Doch halte die Zeit von fünf Minuten ein, und du wirst jetzt schon sehen, dass du mit diesem System nicht nur deutlich besser bist als vorher, sondern dass diesmal das Lernen von »langweiligen« Telefonnummern sogar Spaß macht.

!

Vermaledeites Zahlenschloss: Schelmerei oder Gedächtnis-Eselei?

Vor Jahren war ich mit meinen zwei besten Gedächtnisschülern zu »SternTV« bei Günther Jauch eingeladen. Wir waren alle mächtig aufgeregt und kamen ziemlich spät an. Also musste ich mich für den Auftritt geschwind umziehen und wollte dafür das Zahlenschloss meines Koffers öffnen. Ich war mir der Codezahl eigentlich sehr sicher, doch der Koffer wollte partout nicht aufgehen. Die Kinder lachten natürlich aus voller Kehle, zumal wir ja als Zahlengedächtnisweltmeister auftreten sollten – und ich konnte mir nicht mal eine dreistellige Zahl merken! Natürlich kam ich mächtig ins Schwitzen über diese Peinlichkeit und musste dann schließlich den Koffer mit einem Schraubenzieher aufhebeln. Bis heute weiß ich nicht, ob das damals von den Kindern nicht doch ein lustiger Streich war und sie die Codezahl meines Koffers heimlich geändert hatten ...

Auflösung zur Geschichte auf Seite 52: Die Kinder haben einfach zuerst die zwei letzten Ziffern des Austragungsjahres zum Master-Wort, zum Beispiel 1924 zu 24 = Narr (die 19 davor ist ja klar) transformiert. Dann haben sie die Stadt, in der in diesem Jahr die Olympischen Spiele ausgetragen worden waren, ebenfalls zu etwas Anschaulichem transformiert, zum Beispiel Paris zum berühmten Eiffelturm, und im letztem Schritt diese beiden Bilder in einer Bildgeschichte vereinigt, zum Beispiel: Ein verrückter Narr klettert auf die Spitze des Eiffelturms.

Loci-Methode

Vielleicht habt ihr ja schon mal erstaunliche Demonstrationen von Gedächtnismeistern im Fernsehen gesehen. Auf die häufig sich daran anschließende Frage des Moderators, wie sie diese phänomenale Gedächtnisleistung denn haben erreichen können, hört man meistens die Antwort: »Natürlich mit der Routen-Methode!«

Die Routen-Methode ist sicherlich der effektivste Weg, um sich nahezu unbegrenzt große Mengen an Daten, Informationen, Fakten oder anderes zu merken. Sie wurde bereits im Altertum benutzt und ist auch unter der Bezeichnung Loci-Methode (lateinisch: *locus* = Ort, Platz, Stelle) bekannt.

Cicero und seine »Methode«

Die großen Redner im alten Rom, wie zum Beispiel Cicero, hielten ihre stundenlangen Reden, indem sie ein wichtiges Stichwort ihrer Rede auf jeweils einen Routenpunkt ablegten. Die Routenmethode war damals von so großer Bedeutung, dass man von ihr einfach als »die Methode« sprach. Obgleich Redewendungen in unserer heutigen Sprache noch an diese Methode erinnern, wie etwa der Ausdruck »An erster Stelle ist zu nennen ...«, geriet dieses kostbare Wissen in den letzten Jahrhunderten zunehmend in Vergessenheit. Erst in den letzten Jahren konnte durch die erstaunlichen Ergebnisse in wissenschaftlichen Untersuchungen und die erstaunlichen Leistungen der Gedächtnissportler diese Methode wieder belebt werden und wird nun hoffentlich ihren Weg zu den Schulen, Universitäten und sonstigen Ausbildungsinstituten fortsetzen.

Nur drei Schritte zum Loci-Erfolg!

Diese Methode ist im Grunde ganz einfach, denn sie besteht nur aus drei Schritten: Im ersten Schritt entscheidet man sich in einer Umgebung (zum Beispiel zu Hause oder am Urlaubsort) für gewisse Punkte in einer festen Reihenfolge und speichert diese im Gedächtnis ab. Im zweiten Schritt legt man die zu lernenden Informationen als mentale Bilder auf den Punkten der Route ab. Und der dritte Schritt ist im Grunde kein Schritt des Lernens, sondern der des Abrufens der Information: Denn will man nun die auf diese Weise abgespeicherten Daten wiedergeben, braucht man nur die einzelnen Ankerpunkte mit ihren daran gekoppelten Informationen im Geiste wieder abzuschreiten! Es ist unglaublich, wie leicht und sicher man sich auf diese Weise die unterschiedlichsten Dinge merken kann!

Die Turnhalle als Lernhilfe

Damit dir die Anwendung der Loci-Methode etwas klarer wird, habe ich als Beispielroute eine Route mit fünf Routenpunkten (RP) für eine typische Turnhalle ausgewählt:

1. **Eingangstür**
2. **Duschraum**
3. **Toilette**
4. **Umkleideraum**
5. **Turnhalle**

Wenn jetzt die folgenden fünf Begriffe: Lampe, Kopfhörer, Fernglas, Magnete und Kraft zu lernen wären, könnte man zum Beispiel folgende Mentalbilder jeweils zwischen Routenpunkt und Begriff erstellen:

1. Du machst die große *Eingangstür* auf, und dann geht eine ganz helle **Lampe** über der Tür an.

2. Im *Duschraum* setzt du deinen **Kopfhörer** und hörst Musik, weil die anderen so laut sind.

3. In der *Toilette* findest du merkwürdigerweise ein **Fernglas** – damit kannst du ruhig mal schauen, ob sie auch ganz sauber ist.

4. Im *Umkleideraum* hängen riesige **Magnete** als Kleiderhaken – hoffentlich halten die auch!

5. In der *Turnhalle* siehst du die von der Decke hängenden Kletterseile und ziehst dich mit viel **Kraft** daran hoch.

Stell dir die vorgeschlagenen Mentalbilder bitte so klar und lebendig wie möglich vor und versuche dann, die fünf Routenpunkte der Turnhalle wieder im Geiste abzugehen. Na, »siehst« du noch die fünf Begriffe? Es funktioniert toll, oder? Übrigens hast du dabei wieder ganz automatisch viele der von mir bereits beschriebenen sieben Mentalfaktoren angewendet. Außerdem hast du sicherlich nicht gemerkt, dass du gerade eben auch noch eine wichtige Information in der Turnhalle abgelegt hast: Nämlich fünf Themenbereiche, mit der sich die Physik (in der Mittelstufe) beschäftigt: Elektrizität, Akustik, Optik, Magnetismus und Mechanik.

Das Schöne an dieser Methode ist, dass sich 1000 Informationen fast genauso leicht einprägen lassen wie zehn. Man braucht nur etwas Übung und dann natürlich auch 1000 bzw. zehn Routenpunkte. Wie man solche Gedächtnisrouten erstellt, dazu mehr im nächsten Abschnitt.

Regeln zur Erstellung einer Memo-Route

Nachdem ich für mich schon viele tausend Routenpunkte für meine Teilnahme an Gedächtnismeisterschaften festgelegt hatte, habe ich mir einmal überlegt, welche Regeln man eigentlich dabei beachten sollte, denn ich hatte gemerkt,

Jener, der sagt, es ist nicht zu schaffen, sollte niemals jenen unterbrechen, der es tut.
Römische Weisheit

dass ich »schlechte« und »gute« Routen zum Einprägen hatte. Dabei haben sich die folgenden neun Regeln als besonders wichtig herausgestellt.

1. **Vertraute Umgebung:** Erstelle deine erste Memo-Route in einer Umgebung, in der du dich häufig und gern aufhältst und dich somit ganz gut zurechtfindest.

2. **Eindeutige und sinnvolle Reihenfolge:** Die Reihenfolge der Routenpunkte sollte eindeutig sein und dem Weg entsprechen, nach dem du die Routenpunkte problemlos abschreiten kannst – ohne Umwege und Kreuz-und-Quer-Strecken.

3. **Einprägsame Routenpunkte:** Wähle nach Möglichkeit interessante und markante Stellen oder Objekte als Routenpunkte: Eine antike Eichenkommode ist geeigneter als ein normaler Stuhl.

65

4. **Mittlere Ausmaße:** Der Routenpunkt sollte nicht zu klein, aber auch nicht zu riesig sein. Ein winziger Fleck auf dem Boden ist zu klein, eine ganze Stadt zu groß.

5. **Mäßiger Abstand:** Der Abstand zwischen den einzelnen Routenpunkten darf ebenfalls nicht zu groß und nicht zu klein sein. Entfernungen von 0,5 Meter bis rund 20 Meter sind geeignet. Ideal sind Abstände von ein bis drei Metern. Ein größerer mentaler Sprung dauert länger und ist unsicherer, dagegen können sich bei sehr geringen Distanzen die Mentalbilder überlappen und sich gegenseitig stören (Interferenz!).

6. **Dauerhafte Positionierung:** Da wir bei unserer Route eine feste Reihenfolge der Routenpunkte anstreben, sollte die Position eines Routenpunktes nicht so leicht veränderlich sein – sonst würde man bei der späteren Wiedergabe eventuell einen Fehler in der Reihenfolge machen. Deshalb ist die Wahl nicht beweglicher Routenpunkte anzustreben.

7. **Ausreichende Unterschiedlichkeit:** Um später die mentalen Bilder besser unterscheiden zu können, dürfen ihre Routenpunkte nicht zu ähnlich zueinander sein; so sollte man keine zwei ähnlich aussehenden Objekte in einer Route aufnehmen (zum Beispiel nicht zwei gleich große Fernseher).

8. **Durchnummerieren:** Um eine gewisse Ordnung in seine Route zu bringen, empfiehlt es sich, die Routenpunkte durchzunummerieren; gib also dem ersten Routenpunkt die Zahl 1, und fahre dann fort mit 2, 3 etc.

9. **Routenabschnitt mit runder Zahl:** Sehr hilfreich ist es, jeden Routenpunktbereich mit einer runden (5, 10, 20 etc.) Routen-

punktnummer abzuschließen. Zum Beispiel hat dein Zimmer 5 Routenpunkte, in der Küche sind dann auch noch 5 Routenpunkte, und in der gesamten Wohnung legst du dann vielleicht 40 Routenpunkte ab).

Routenvorschlag im Wohnzimmer

Damit du noch ein besseres Gefühl dafür bekommst, wie eine solche Route aussehen könnte, habe ich eine Route mit 10 Routenpunkten in einem imaginären Wohnzimmer aufgezeichnet:

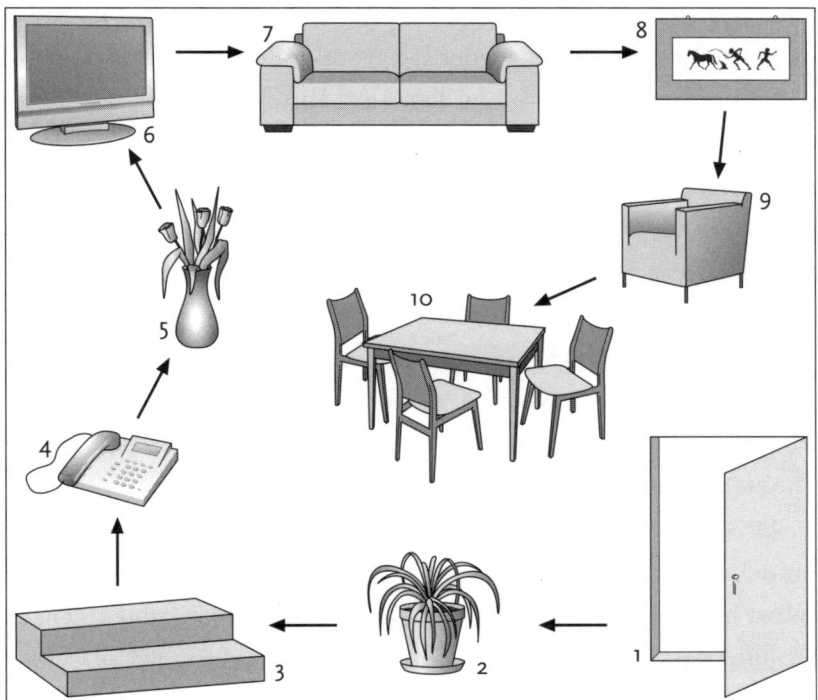

Tipps zur Routennutzung

Du kannst solche Routen grundsätzlich auf zwei unterschiedliche Weisen verwenden: als Kurzzeitroute oder als Langzeitroute.

Wenn du eine Route als Kurzzeitroute nutzt, dann kannst du damit in idealer Weise einen verbotenen Spickzettel ersetzen. Oder du speicherst so Stichwörter eines Vortrages ab, damit du ihn völlig frei halten kannst. Doch nach Erledigung deines Tests oder Vortrages würdest du die Informationen eigentlich nicht mehr brauchen. Zwar bleibt Lernstoff, den du mit der Loci-Methode richtig – nämlich unter Einsatz der Mentalfaktoren und etwas Übung – abgelegt hast, viele Stunden und Tage im Gedächtnis, dennoch verblasst auch bei dieser Methode die Erinnerung. In diesem Fall könntest du dann dieselbe Route wieder für etwas anderes verwenden.

Wenn du allerdings einen Lernstoff für längere Zeit, zum Beispiel ein ganzes Semester lang, auf Abruf bereithalten möchtest, dann erstelle oder wähle dafür eine passende Route mit ausreichend Routenpunkten, und lege die Wissensinformationen darauf fest ab. Diese Route musst du dann in regelmäßigen Abständen zur Wiederholung mental abschreiten. Ein Anwendungsbeispiel hierzu wäre die Abspeicherung des gesamten Lernstoffes von einem Lernfach wie Physik oder Philosophie, den du für die große Abschlussklausur oder das Abitur parat haben möchtest (siehe Kapitel »Praktische Beispiele«).

Jetzt wirst du auch verstehen, dass du mehr als eine Route brauchst, um diese Methode sinnvoll zum Lernen einzusetzen. Ich selbst habe etwa 60 Routen mit Längen zwischen 20 und 100 Routenpunkten. So viele benötigst du natürlich nicht – schau selber, welche Anzahl für dich geeignet ist und wo du überall Routen machen möchtest. Wie wäre es im Supermarkt, bei Oma und Opa, in der Schule, beim Freund, auf dem Sportplatz, im Garten? Die Möglichkeiten sind fast unbegrenzt!

Erstelle deine erste Gedächtnisroute

Du hast jetzt genug erfahren, um deine eigene erste Route zu erstellen. Beachte dabei die oben genannten Regeln, und gehe die 20 Routenpunkte dann im Geiste mehrmals durch: Wenn du nur 10 bis 20 Sekunden dafür brauchst und keinen weglässt oder die Reihenfolge vertauschst, hast du die Aufgabe mit Bravour bestanden!

Deine 20 Routenpunkte:

1	11
2	12
3	13
4	14
5	15
6	16
7	17
8	18
9	19
10	20

Noch ein Wort zum Abschluss: Das Fantastische an dieser Methode ist, dass man Informationen nicht nur sehr leicht zu 100 Prozent abrufen kann, sondern dass dieses auch in einer eindeutig festgelegten Reihenfolge geschieht – manchmal könnte das von großer Wichtigkeit sein (zum Beispiel Abfolge einer Argumentationskette) oder einfach nur enorm beeindrucken (Namen aller europäischen Staaten nach der Größe geordnet).

Jetzt hast du Gelegenheit, deine eigene Route auszuprobieren. Überlege dir, welche Begriffe, Wörter oder Fakten du auf diese Weise lernen möchtest. Zum Beispiel könnten es wichtige Stichwörter eines Buches sein, dass du gerade in Sachkunde liest, oder die gängigen europäischen Pilzarten, die du gerade in Biologie lernen musst. Du weißt ja schon, wie es geht: transformieren und dann mit Fantasie, Logik, Assoziation als Mentalbild auf die Routenpunkte legen.

Der erste Einsatz deiner Route:

_____

_____

_____

_____

_____

_____

_____

Schlüsselwort-Methode für Vokabeln und Fremdwörter

Nun befassen wir uns mit einem für die meisten Schüler (und Erwachsenen!) sehr leidigen Thema, nämlich mit dem Lernen von Vokabeln und Fremdwörtern. Die meisten Menschen hassen diese Lernaufgabe, weil es hier eigentlich nichts zu verstehen gibt, sondern einem nur das Pauken und Büffeln übrig bleibt – was immer anstrengt und immens langweilig ist.

Doch es gibt noch einen anderen Weg! Einen Weg, mit dem man sich nicht nur viel leichter und effizienter die Vokabeln »zu Gemüte führen kann«, sondern einen Weg, der auch viel mehr Spaß bringt!

Die zwei Schritte der Schlüsselwort-Methode

Schon in den vorausgehenden Kapiteln haben wir erfahren, dass wir uns abstrakte Lernstoffe am besten merken, indem wir uns mit viel Fantasie ein entsprechendes mentales Bild – quasi ein Ersatzbild – schaffen. Beim Lernen von neuen Vokabeln (und auch Fremdwörtern) gehen wir genauso vor, da es sich hier ebenfalls um abstrakte Informationen handelt; denn im Grunde sind neue Wörter nichts anderes als eine sich schwer zu merkende Reihenfolge von Buchstaben. Bei dieser Methode – die als Schlüsselwort-Methode bezeichnet wird – geht man immer in zwei Schritten vor.

1. Schritt: Wir suchen uns ein Wort aus unserer Muttersprache, welches so ähnlich wie die neue Vokabel klingt: Dies ist das Schlüsselwort, da es uns quasi den Schlüssel zur neuen Vokabel bereitstellt.

2. Schritt: Wir verknüpfen das Schlüsselwort als mentales Bild mit der Übersetzung der zu lernenden Vokabel unter Einsatz unserer Fantasie und Kreativität (und möglichst weiterer Gedächtnis-Mentalfaktoren) zu einem »Merkbild«.

Um diese Methode verständlicher zu machen, habe ich eine kleine Grafik erstellt. Als Beispiel habe ich das englische Wort »*to snigger*« genommen, welches ich in der Originalausgabe des ersten Harry-Potter-Buches gefunden habe und das in der Übersetzung »kichern« bedeutet.

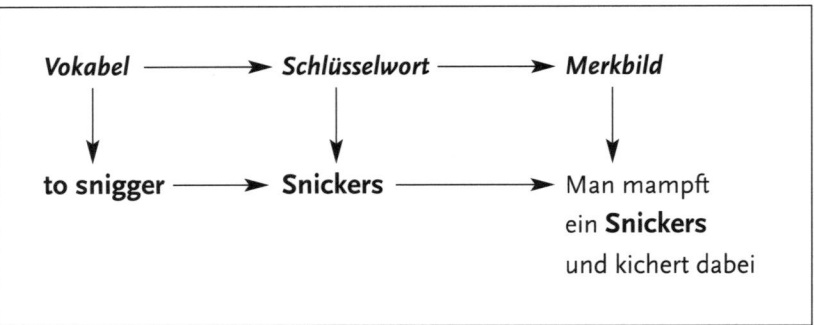

Für diese Vokabel habe ich folgendes Merkbild erstellt: Ein frecher (Emotion) Junge stopft (Visualisation von Bewegung) sich einen riesigen (Visualisation) Snickers-Schokoriegel in den Mund und kichert dabei, weil (Logik) er ihn in einer Gedächtniswette mühelos (Emotion) und souverän gewonnen hat.

Bei dieser kleinen Merkbild-Anekdote habe ich einige genutzte Mentalfaktoren in Klammern gesetzt. Eine solche Geschichte ist schwer zu vergessen und somit die Vokabel fest und lange abgespeichert.

Beispiele zum Lernen von englischen Vokabeln

Damit die Schlüsselwort-Methode noch klarer wird, möchte ich noch ein paar Beispiele aus dem Englischen geben, bevor du dich selber an einigen Vokabeln versuchen kannst.

Vokabel mit Übersetzung	Schlüssel-wort	Merkbild
to startle = erschrecken	Start	Beim **Start** des 100-Meter-Sprints wird man durch den lauten Start-schuss der Pistole **erschreckt**.
toad = Kröte	tot	Die **Kröte** wird leider vom Auto **tot**-gefahren.
croft = kleines, ärmliches Haus	Gruft	Das **kleine, ärmliche Haus** ähnelt sehr einer **Gruft**.
folly = Torheit	Fohlen	Das **Fohlen** begann eine **Torheit**, als es über den Zaun springen wollte und hinfiel.
ligament = Band	Liga & Mint	Die **Liga**-Spieler bekommen **»Mint«** (das englische Wort für Pfefferminzbonbon), damit ihre Bänder nicht so leicht reißen.

Aus dem letzten Beispiel mit »*ligament*« lernt man noch zusätzliches für die Anwendung dieser Methode. Zum einen kann man problemlos zwei oder mehrere Schlüsselwörter für die Erstellung des Merkbildes benutzen, gerade bei längeren Vokabeln. Zum anderen können diese Wörter auch aus anderen Sprachen stammen, aus denen man geeignete Schüsselwörter herleiten kann. Dabei müssen die Schlüsselwörter natürlich nicht ganz genauso klingen wie die Vokabel, es reicht, wenn sie ähnlich klingen – auf die ganz korrekte Aussprache der Vokabel kommt man dann in der Regel von selbst.

Im fünften Kapitel, in dem es um praktische Anwendung der Techniken geht, kannst du dich selber ins Vokabel-Abenteuer stürzen und mit dieser Schlüsselwort-Methode einige Vokabeln lernen!

Der phänomenal ärgerliche Vokabel-Weltrekord!

Im Gedächtnissport gibt es für die Jugendlichen die Disziplin »Fünf Minuten Vokabeln lernen«, bei der die jungen Gedächtnissportler genau fünf Minuten Zeit haben, sich so viele Vokabeln (übrigens für alle unbekannte, ausgedachte Vokabeln) wie möglich mit ihrer Übersetzung einzuprägen. Viele ungeübte Kinder schaffen nur vier bis fünf Vokabeln, die guten acht bis 15, doch der Weltrekord steht mittlerweile bei phänomenalen 50 Vokabeln in fünf Minuten! Und als Besonderheit sei noch anzumerken: Normalerweise freut man sich über einen Weltrekord, doch der frisch gekürte Gedächtnisweltrekordler aus Österreich war auch ein wenig ärgerlich, denn es gab nur 50 Vokabeln zum Lernen – zu gerne hätte er sich doch noch einige mehr eingeprägt!

Beispiele zum Lernen von Fremdwörtern

Wie bereits angedeutet, wendet man die gleiche Technik zum Lernen von Fremdwörtern – also auch von Fachwörtern – an, hier einige Beispiele:

Gelotologie = Lehre vom Lachen. Eine riesige Menge Gel (Gel-) wird von Otto (oto-) Waalkes auf lustige Art in die Haare geschmiert, und er lacht dabei (die Endung »logie« steht immer für eine Lehre oder Wissenschaft und muss darum nicht extra verbildlicht werden).

Dendrologie = Lehre von den Bäumen. Dendriten, die Leitungsbahnen der Nervenzellen, sind verästelt wie eine Baumkrone.

Tautologie = doppelte Wiederholung (weißer Schimmel). Tautologie ist das Tau (Tau-) to (zur) Logik (-logie); ist ja logisch, ein Schimmel ist immer weiß!

Chancen und Grenzen der Schlüsselwort-Methode

Die Schlüsselwort-Methode, auch wissenschaftlich sehr gut untersucht, hat zu Leistungssteigerungen beim Vokabelnlernen von bis zu 300 Prozent geführt. Und eine deutliche Verbesserung im Vergleich zum »normalen« Lernen war nicht nur nach einigen Tagen, sondern besonders über den getesteten Zeitraum von sechs Wochen festzustellen!

Übrigens sollte man keine Angst davor haben, dass man irgendwann den Kopf voller Bilder hat, denn das Merkbild ist sozusagen eine hilfreiche und unterstützende, vorübergehende »Krücke«, um die unbekannte Vokabel über das Merkbild ins normale Langzeitgedächtnis zu übertragen (so wie eine echte Krücke auch nur für eine begrenzte Zeit erforderlich ist, bis das gebrochene Bein wieder geheilt ist). Nachdem die Vokabel mehrmals durch die schriftliche oder mündliche Anwendung aktiv eingesetzt wurde, ist das Merkbild nicht mehr erforderlich und verblasst.

Natürlich kann die Schlüsselwort-Methode auch für andere Sprachen wie Latein, Französisch, Russisch, Türkisch, Italienisch, Spanisch usw. angewandt werden. Generell ist sie aber leichter und besser einsetzbar, je ähnlicher die zu lernende Fremdsprache der eigenen Muttersprache ist. Denn wenn die Fremdsprache aus einer gänzlich anderen Sprachfamilie stammt, wie zum Beispiel die chinesische Sprache, die sich mit ihren Silben und der Bedeutung der Tonhöhenaussprache deutlich von der deutschen Sprache unterscheidet, sind dieser Methode natürliche Grenzen gesetzt.

Außerdem muss man sich auch nicht jede Vokabel mit der Schüsselwort-Methode einprägen. Einige Vokabeln prägen sich ganz automatisch gut ein, weil sie, ins Deutsche übersetzt, sehr ähnlich klingen, zum Beispiel *to stare* = starren, andere kann man sich aus bekannten Bruchstücken des Wortes durch die Mentalfaktoren Assoziation und Logik herleiten wie *to redo* = noch einmal machen (re- = wieder und to do = machen). Wieder andere prägen sich durch ihren schönen Klang leichter ein, als wenn man krampfhaft viele Minuten lang vergeblich nach einem Merkbild sucht.

Versuche diese Methode einfach eine Zeit lang, damit du Übung darin bekommst, und setze sie dann immer ein, wenn es für dich sinnvoll erscheint!

Logomonik

Für eine weitere effektive Methode des Lernens habe ich den Begriff Logomonik erfunden. Dieses Wort setzt sich aus »Logik« und »Mnemonik« (das Fachwort für Gedächtniskunst) zusammen. Die Grundidee dieser Methode ist der Versuch, irgendwelche logischen Aspekte bei dem zu lernenden Material zu finden. Hierbei ist das Besondere, dass keine »vernünftige« Logik entwickelt werden muss, sondern mehr eine »fantasievolle« Logik, bei der zwei oder mehr Dinge »logisch« kombiniert werden, die normalerweise nichts miteinander zu tun haben. Diese Methode funktioniert sicherlich deshalb so gut, weil wir uns Dinge stets besser merken können, wenn wir sie verstanden haben und uns logisch erklären können – dabei ist es unserem Gehirn egal, dass es eigentlich eine »künstliche« Logik ist. Ein paar Beispiele zur Verdeutlichung:

Bit/Byte: Diese Informationseinheiten, die im Computerbereich sehr wichtig sind, werden immer wieder durcheinander gebracht, weil sie sehr ähnlich klingen. Byte ist aber die größere Einheit und besteht aus acht Bit. Doch eigentlich ist das »logisch«, denn das Wort Byte ist größer als Bit; und wenn man den Buchstaben »e« von Byte durch einen kleinen Strich ergänzt, sieht es wie eine Acht aus (entsprechend: 1 Byte = 8 Bit).

Leistung/Watt: Die physikalische Größe »Leistung« wird in der Einheit »Watt« gemessen; und nicht in Volt, Ampere, Ohm, wie es immer wieder viele Schüler im Physikunterricht durcheinanderbringen. Dabei ist es doch »logisch«: Wenn man durch ein **Watt** marschiert, ist das eine große **Leistung** – und manchmal sinkt man auch bis zur **Leiste** ein!

Beagle und Charles Darwin: Das Schiff des berühmten Biologen und Begründers der Evolutionstheorie Charles Darwin hieß »Beagle«. Erscheint »logisch«, dass der Schiffsname mit dem Buchstaben B anfangen muss, um die Buchstabenreihenfolge CD (von **C**harles **D**arwin) mit einem B zu ergänzen, also BCD.

Sokrates, Platon, Aristoteles: Nur wenige bekommen die richtige Reihenfolge dieser drei berühmten griechischen Philosophen hin, die gegenseitig in einem Lehrer-Schüler-Verhältnis standen. Aber es ist doch »logisch«: Man muss sich nur vorstellen, dass sie gemeinsam immer in einem schönen Kurort philosophierten, und Kurort heißt auf Englisch »SPA« (**S**okrates, **P**laton, **A**ristoteles).

Auf den ersten Blick mutet diese Logomonik-Methode vielleicht etwas kurios oder gar kauzig an, weil sie voller verrückter Fantasie ist. Doch haftet einem ein logomonisches Bild sehr fest und lange im Gedächtnis, ohne dass man es häufig wiederholen müsste. Auf diese Art und Weise eine Information abzuspeichern funktioniert natürlich nicht immer und ist am besten einzusetzen, wenn man ein und dieselbe Sache ständig vergisst oder durcheinanderbringt. Insbesondere dann sollte man ein logomonisches Bild erstellen. Das macht Spaß und auf Dauer zum Sieger über das Vergessen!

Spielend jonglieren lernen zur Mentalsteigerung

Es ist auf den ersten Blick verwunderlich, aber Tatsache: Die besten Gedächtnissportler der Welt können jonglieren! Auf der Gedächtnisweltmeisterschaft sah ich schon häufig meine härtesten Gegner in der Pause mit drei Bällen (in einer Hand) oder mit fünf Bällen fantastisch jonglieren. Der beste dänische Gedächtnissportler ist sogar von Beruf Jongleur und fasziniert sein Publikum mittlerweile gleichermaßen durch Gedächtnis- und Jongliereinlagen. Einer der besten österreichischen Gedächtnissportler gibt Seminare mit dem Titel »Brain-Juggling«. Darüber hinaus sehe ich in meinen Seminaren immer wieder einen erstaunlichen Zusammenhang zwischen dem Lernerfolg bei Gedächtnisaufgaben und der Verbesserung bei den Jonglieraufgaben für die Teilnehmer.

Ich denke, es ist klar geworden, dass in einem Trainingsbuch zur Steigerung des Gedächtnisses eine kleine Anleitung zum Jonglieren nicht fehlen sollte. Zudem gibt es auch eine wissenschaftliche Erklärung für den oben geschilderten Zusammenhang:

Das Gehirn besteht aus zwei Hälften, auch Hemisphären genannt, die durch einen Balken mit etwa 300 Millionen Nervenleitungen miteinander verbunden sind. Nach experimentellen Befunden, die auf den Nobelpreisträger Roger Sperry zurückgehen, sind diese zwei Hälften für unterschiedliche kognitive Aufgaben zuständig. Auch wenn dieses Modell stark vereinfacht ist, scheint in der linken Hälfte unter anderem das logische Kombinieren und das abstrakte Denken abzulaufen, wohingegen die rechte Hälfte mehr die kreativen, räumlichen und visuellen Prozesse übernimmt.

Nach meiner Beschreibung der sieben mentalen Faktoren für ein besseres Gedächtnis kann man schon erkennen, dass man für herausragende Leistungen diese beiden Gehirnhälften in optimaler Weise nutzen muss, wobei es insbesondere auf eine schnelle und gute Kommunikation zwischen ihnen ankommt. Genau dieser Kommunikationsaustausch und die Aktivierung des Informationstransfers scheint das Jonglieren zu bewirken – da auch für diese motorischen Aufgaben beide Hemisphären stark aktiv werden müssen.

Übrigens konnte man sogar in einer bahnbrechenden wissenschaftlichen Untersuchung unter anderem der Universität Jena vor kurzem Erstaunliches zeigen: Durchschnittlich 22 Jahre alte Versuchspersonen ließ man drei Monate lang das Jonglieren so gut erlernen, dass sie drei Bälle mindestens eine Minute lang in der Luft halten konnten. Vermessungen ihrer Gehirne vor und direkt nach dem Training ergaben dann zweifelsfrei, dass zwei Hirnregionen (jeweils zuständig für visuelle räumliche Wahrnehmung sowie für das Ergreifen von Objekten) deutlich gewachsenen waren. Dies zeigt, wie anspruchsvoll die Tätigkeit des Jonglierens ist und auch, dass man es noch als Erwachsener in der Hand hat, sein »Oberstübchen« zu aktivieren.

Nach der kurzen Darstellung dieses Hintergrundes sollten wir nun endlich anfangen, es ist nämlich viel leichter, als die meisten Menschen gemeinhin annehmen. Im Durchschnitt benötigt man etwa ein bis zwei Stunden zum Erlernen der »3-Ball-Jonglage«. Unbedingte Voraussetzung für diesen schnellen Lernprozess ist allerdings die genaue Einhaltung nachfolgend beschriebener Anweisungen. Die Lernmethodik stammt von Olaf Hartmann, einem der führenden Jonglierexperten Deutschlands. Er hat in den letzten zehn Jahren über 10 000 Menschen das Jonglieren in Seminaren und Großveranstaltungen beigebracht. Dabei kam sein bemerkenswertes Original-Selbstlern-Jonglierset zum Einsatz (siehe Kontaktadresse am Ende des Buches).

Die Vorbereitung

Bevor wir mit dem eigentlichen Jonglieren beginnen, müssen wir uns ein wenig um die Rahmenbedingungen kümmern. Später kannst du praktisch überall jonglieren. Zum Lernen ist eine helle, ruhige Umgebung mit viel Platz und möglichst wenig zerbrechlichen Gegenständen ideal. Sorge auf jeden Fall für genug Luft. Vielleicht magst du dabei auch Musik hören. Musik unterstützt den natürlichen Rhythmus des Jonglierens. Die Musikauswahl kannst du nach persönlichem Geschmack gestalten, sie sollte nur einen klaren, gleichmäßigen Rhythmus haben.

Die zweite wichtige Voraussetzung, um das Jonglieren zu lernen, ist gutes Material. Das Beste sind echte Jonglierbälle oder Bean Bags, wie sie unter Jongleuren genannt werden. Sie wiegen 120 bis 130 Gramm und sind mit Leinsamen gefüllt. Sie verformen sich beim Aufprall und lassen sich deshalb sehr gut fangen. Gleichzeitig ist das Gewicht ideal, um sie exakt zu werfen, und die farbigen Oberflächen machen es leicht, sie zu sehen. Da sie meist aus hochwertigem Stretchleder handgenäht sind, kosten sie etwa fünf Euro pro Stück. Sie werden entweder in Läden für Jonglier-

und Zirkusrequisiten verkauft, oder du kannst verschiedene Anbieter im Internet finden.

Wenn du direkt loslegen möchtest oder vielleicht gerade das Geld nicht übrig hast, kannst du dir mit wenig Aufwand aus drei alten Tennisbällen recht brauchbare Jonglierbälle basteln. Normale Tennisbälle sind zu leicht und springen aus der Hand, deshalb machst du einen kleinen Schnitt in den Tennisball und drückst ihn so, dass eine Öffnung wie ein kleiner Mund entsteht, in den du Reiskörner füllst. Danach verklebst du den Schnitt wieder mit Alleskleber oder ziehst einen Ballon über den ganzen Ball. So werden die Bälle schön schwer und sind gut zu fangen.

Kleine Anleitung zum Erlernen der 3-Ball-Jonglage

Nachfolgend findest du eine Kurzanleitung für das Jonglieren mit drei Bällen. Folge jedem Schritt sorgfältig. Wenn du nicht weiterkommst, gehst du einfach einen Schritt zurück.

Der erste Ball

1. Stell dich entspannt und aufrecht hin; die Füße stehen auseinander, die Arme sind um 90 Grad angewinkelt. Wirf als Erstes einen Ball gerade hoch, etwa 20 bis 30 Zentimeter über deinen Kopf, und fange ihn mit der gleichen Hand wieder auf. Wiederhole das einige Mal hintereinander, bis du das Gefühl hast, du siehst den Punkt, an dem der Ball anscheinend einen Moment in der Luft stillsteht und danach wieder fällt.
2. Wenn du dann schon so gut und gleichmäßig werfen kannst,

dass du diesen Punkt fünf Mal direkt hintereinander ungefähr an der gleichen Stelle siehst, wechselst du die Hand und wiederholst die Übung.

Diese beiden Punkte, die du gesehen hast, markieren die Ecken deiner so genannten Jonglierbox nach oben. Alles, was nun folgt, findet innerhalb dieser Jonglierbox statt.

3. Jetzt stelle dir innerhalb deiner Jonglierbox zwei spitze Flugkurven vor (Bild 1). Die eine beginnt in der Mitte vor deinem Körper, geht in die linke obere Ecke der Jonglierbox und fällt dann steil wieder ab in deine gegenüberliegende Hand. Die andere Spitze geht von der Körpermitte aus in die rechte obere Ecke der Jonglierbox und endet steil in deiner linken Hand. Diese beiden Kurven sind die Ideallinie für das Jonglieren. Sie geben dir genug Zeit und verhindern, dass Bälle zusammenprallen. Wichtig! Die Bälle werden außen gefangen, nach innen geführt und vor der Körpermitte geworfen.

Bild 1

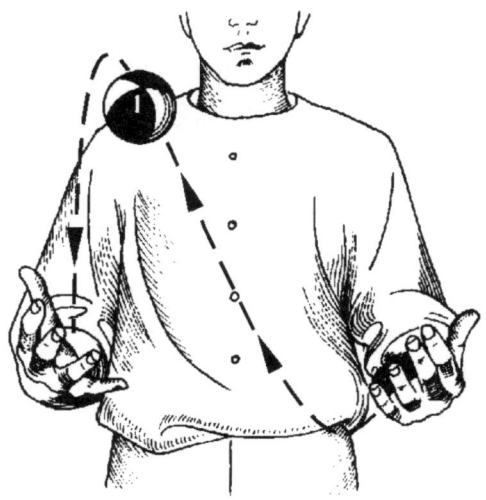

4. Jetzt nimm einen Ball in deine Hand, entspann dich, atme tief durch, und wirf den Ball auf einer steilen Flugkurve in die gegenüberliegende Ecke deiner imaginären Box. Dann wirf ihn mit der anderen Hand auf die gleiche Weise in die andere Ecke, sodass ein Muster entsteht wie auf Bild 2. Mach das so lange, bis du fünf Mal hintereinander die gleiche Höhe auf beiden Seiten hast und der Ball jedes Mal mühelos in der anderen Hand landet.

5. Konzentriere dich auf den höchsten Punkt der Flugbahn. In dem Moment, in dem der Ball an seinem höchsten Punkt angekommen ist, klatschst du locker in die Hände, bevor du ihn wieder fängst. Der Rhythmus ist also Werfen, Klatschen, Fangen. Hier ist wichtig, dass du wirklich wahrnimmst, wann der Ball an seinem höchsten Punkt ankommt, und du nicht nur klatschst, weil deine Hände frei sind ...

6. Jetzt sag laut »Wurf« genau in dem Moment, in dem der Ball deine Hand verlässt. Dadurch hörst du den Rhythmus »Wurf«, Händeklatschen, Fangen. Übe so lange, bis du diese drei Geräusche im gleichen Rhythmus hörst.

»Wurf«, Händeklatschen, Fangen – Pause

»Wurf«, Händeklatschen, Fangen – Pause

»Wurf«, Händeklatschen, Fangen – Pause

Wenn du das wiederum fünf Mal schaffst, geht es weiter zum zweiten Ball.

Der zweite Ball

7. Nimm je einen Ball in jede Hand. Der erste Wurf kommt aus deiner schwachen Hand: linke Hand bei Rechtshändern und

rechte bei Linkshändern. Fixiere die deiner schwachen Hand gegenüberliegende Ecke der Jonglierbox.

In dem Moment, in dem du vorher geklatscht hast, wirfst du den zweiten Ball aus der anderen Hand in die gegenüberliegende Ecke der Jonglierbox. Wichtig ist, dass der zweite Ball genauso hoch geworfen wird wie der erste (Bild 2).

Habe Mut zu werfen! Das Werfen ist wichtig, das Fangen folgt. Jetzt kannst du loslegen. Daran denken, laut »Wurf« zu sagen, wenn du wirfst. Beim Fangen solltest du ein sattes Klatschen der Bälle hören.

»Wurf«, »Wurf«, Fangen, Fangen

Bild 2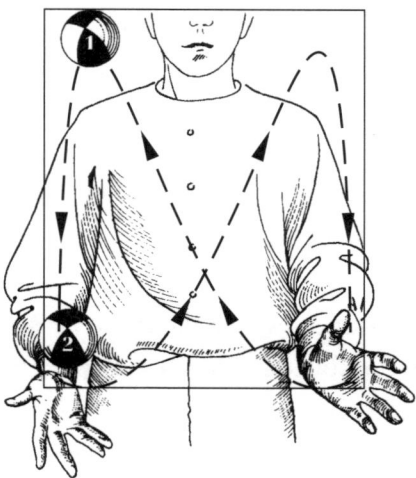

Trainiere so lange, bis du es mindestens fünf Mal hintereinander schaffst, beide Bälle sauber zu werfen und die Bälle danach mühelos in deine offenen Hände fallen.

Achtung: Beim Zweiballaustausch keinen Ball von der einen Hand in die andere übergeben! Wenn dir das automatisch passiert, konzentriere dich nur auf das Werfen, und lasse bewusst beide Bälle fallen. Hauptsache, du wirfst beide Bälle gleich hoch und nacheinander! Erst wenn das problemlos klappt, lässt du die Bälle nach und nach in deine wartenden Hände fallen.

Der dritte Ball

Und ob du es glaubst oder nicht, du bist schon beim dritten Ball angelangt, und es ist der Moment gekommen, das Geheimnis der 3-Ball-Jonglage zu lüften:

Beim Jonglieren von drei Bällen sind maximal zwei Bälle in der Luft! Meist ist sogar nur einer in der Luft und zwei Bälle befinden sich in deinen Händen. Erst wenn der eine an dem höchsten Punkt seiner Flugkurve angelangt ist, wird der nächste geworfen, und für einen kurzen Moment sind zwei Bälle in der Luft. Keine Angst, das wirst du gleich verstehen! Alles bleibt gleich. Wurfbewegung, Timing und Körperhaltung. Nur da, wo du vorher aufgehört hast, wird der nächste Ball geworfen.

8. Als Vorübung nimm zwei Bälle in deine schwache und einen Ball in deine starke Hand. Wirf aus der Hand mit den zwei Bällen zuerst, und wirf ein paar Mal den Zweiballaustausch, wie gehabt, damit du dich an den Abwurf des ersten Balls gewöhnst. Wenn das gut klappt, wirfst du in dem Augenblick, wenn der zweite Ball an seinem höchsten Punkt ankommt, den dritten genauso wie den ersten (Bild 3). Der Rhythmus ist also zum Beispiel bei einem Rechtshänder links – rechts – links.
Der dritte Ball ist also gar nichts Neues, sondern die Wiederholung des ersten. Sag immer wieder laut »Wurf«, wenn du wirfst.

Bild 3

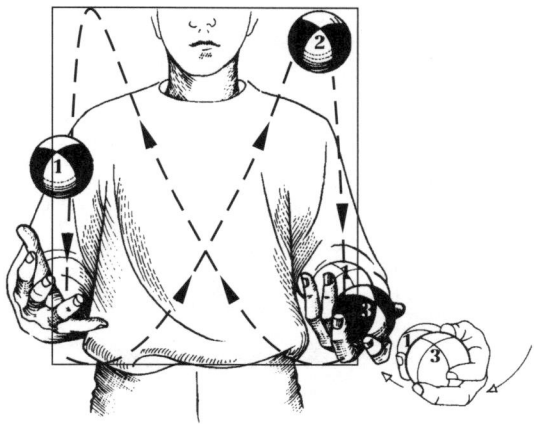

Dadurch hörst du den gleichmäßigen Rhythmus »Wurf«, »Wurf«, »Wurf«.

Automatisch werden die meisten Anfänger hektisch, wenn der dritte Ball ins Spiel kommt, denn sie denken, dass es spätestens jetzt schnell und damit schwer wird. Wenn du ruhig bleibst und dich auf das Werfen im richtigen Moment konzentrierst, ist die Geschwindigkeit von drei Bällen genauso langsam wie die von zwei Bällen, nur dass ein Ball mehr geworfen wird.

Wenn du es schaffst, die drei Bälle je einmal zu werfen und wieder zu fangen, hast du das erste Mal jongliert. Also, los geht's!

9. Wenn du drei Bälle sauber werfen und sauber fangen kannst, gibt es eigentlich nichts Neues mehr zu lernen, außer wie man weitermacht. Und das geht so: Wenn der dritte Ball an seinem höchsten Punkt ankommt, wirfst du von dieser Seite den nächsten Ball. Jedes Mal wenn du einen Ball an seinem höchsten Punkt siehst, wirfst du aus der anderen Hand präzise und mindestens so hoch wie den vorherigen. (Bild 4) »Wurf«, »Wurf«, »Wurf«, »Wurf«, »Wurf«, »Wurf«, »Wurf«, »Wurf«, »Wurf« ...

Bild 4

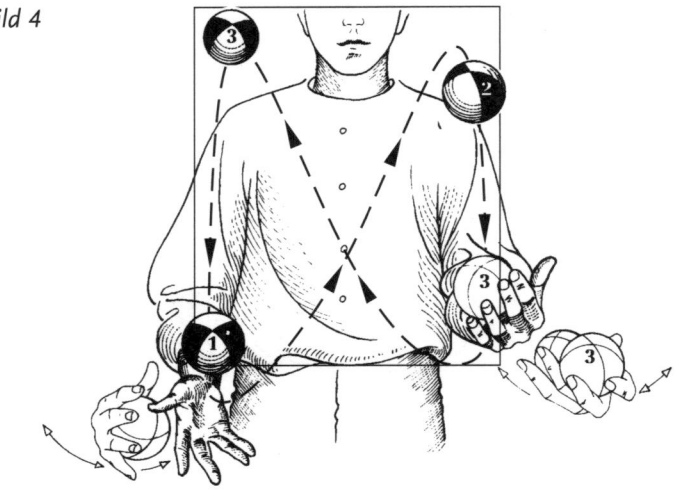

Wichtig ist, dass jeder Ball genauso hoch geworfen wird wie der vorherige, weil sonst das Muster immer schneller wird. Jedes Mal, wenn ein Ball an seinem höchsten Punkt ankommt, wird der nächste geworfen, sodass die meiste Zeit nur ein Ball klar in der Luft ist und beachtet werden muss.

Stell dir vor – du kannst jonglieren!

Durch weitere Übung wirst du immer präziser und ruhiger, setze dir dabei immer wieder Ziele, und zähle mit, wie viele Würfe du schaffst: 5, 10, 30 ... 90

Wichtig: Wenn du an dieser Stelle den Faden verlierst, dann gehe zum Zweiballaustausch zurück, optimiere den Bewegungsablauf und gehe dann wieder zu drei Bällen zurück. (Eine ausführliche »Pannenhilfe« und weitere Tricks zum Jonglierenlernen findest du unter www.jonglierset.de)

Sollte es dir so richtig Spaß bringen, dann besorge dir ein Jonglierbuch, und lerne weitere Wurfmuster, denn es gibt Hunderte von verschiedenen Varianten des Jonglierens mit drei (oder mehr) Bällen. Damit gibst du deinem Körper und Geist die Chance, immer wieder etwas Neues zu lernen – das Jonglieren bietet hier eine fantastische Möglichkeit.

Lernen und jonglieren – wie hängt das zusammen?

Lassen wir am Schluss dieses Kapitels noch einmal Olaf Hartmann zu Wort kommen. Olaf Hartmann hat im Jahr 2005 auf einer Großveranstaltung einen Weltrekord mit einem Jonglier-Workshop aufgestellt, bei dem 1200 Teilnehmer gleichzeitig das Jonglieren lernten. Auf meine Frage, wie denn jonglieren und lernen zusammenhängen, gab er mir folgende interessante Antwort:

Whenever you fall,
pick something up.
Oswald T. Avery

»Jonglieren zeigt uns auf einzigartige Weise, wie lernen funktioniert. Wenn man etwas Neues lernt, sich eine neue körperliche Fertigkeit aneignet, eine neue Sprache oder ein neues Wissensgebiet erschließen will, sind es die gleichen Faktoren wie beim Jonglieren, die für den Erfolg ausschlaggebend sind:

▶ Man muss als Erstes auf das Neue offen zugehen, mit Mut und Überzeugung sich auf die neue Sache einstellen, die Dinge in die Hand nehmen und sich mit dem Ungewohnten vertraut machen.

▶ Schritt für Schritt ist besser als alles auf einmal – man beginnt mit einem Ball und nicht mit dreien.

89

▶ Man lernt, dass Fehler zum Lernen dazugehören – es hat noch nie jemand jonglieren gelernt, ohne Bälle fallen zu lassen.

Wenn du mir eine Person zeigst, die keinen Fehler gemacht hat, zeige ich dir eine Person, die nichts erreicht hat.

Unbekannt

▶ Fehler zeigen uns beim Jonglieren den Weg, denn sie zeigen uns, was fehlt – wer sich selber keine Fehler erlaubt, lernt langsamer, denn er handelt zu wenig und hat dadurch weniger Informationen zur Verfügung. Später will man natürlich keine Fehler mehr machen, und das ist richtig. Wer aber bei neuen Dingen am Anfang keine Fehler machen will, lernt gar nicht oder nur sehr schleppend.

▶ Man muss sich kontinuierlich kleine Ziele setzen, dann macht das Lernen mehr Spaß, und man kommt immer weiter, als man es vorher für möglich hielt.

▶ Beim Jonglieren lernt man, dass Pausen ein wichtiger Teil des Lernens sind. Es bringt mehr, sehr intensiv und konzentriert für 30 Minuten zu trainieren und dann erst nach einigen Stunden oder am nächsten Tag weiterzumachen, als zwei Stunden am Stück ohne Konzentration zu üben.

▶ Jede Lektion sollte man mit einem Erfolg beenden, da unser Gehirn die letzte Erfahrung am stärksten speichert und für die nächste Lerneinheit positiv eingestimmt ist.

▶ Zu guter Letzt ist jonglieren ein Weg, das Gehirn und den Körper beim Lernen frisch zu halten. Jonglieren fördert die Sauerstoffaufnahme und den Dopaminausstoß. Dopamin ist ein wichtiger Neurotransmitter und wird auch als Glückshormon bezeichnet, der stark dafür verantwortlich ist, wie gut die Gedanken in unserem Kopf fließen und wie viele der aufgenommenen Informationen später wieder abrufbar sind. In einer Studie der Universität Würzburg konnte nachgewiesen werden, dass regelmäßiges Jonglieren das Gehirn sogar wachsen lässt.

Jonglieren ist ein faszinierender Weg, zu beobachten, wie Lernen an sich funktioniert. Durch regelmäßige Jonglierpausen kannst du dich in kurzer Zeit erholen und deine körperliche Lernfähigkeit verbessern. Und last but not least macht jonglieren einfach sehr viel Spaß!«

Das jonglierende Genie

Im Jahr 2001 ist eines der größten mathematischen Genies des letzten Jahrhunderts im Alter von 84 Jahren gestorben: Claude Elwood Shannon. Er hat erstmals das Bit als Einheit einer Informationsmenge definiert und kann mit der von ihm entwickelten Informationstheorie als Begründer der weltweiten Internetkommunikation gelten.

Er steckte voller Ideen und war ein »verrückter Kopf«. Noch in hohem Alter konnte man ihn bis in die späten Abendstunden in den Universitätsräumen finden. Wenn er wieder geistig wacher und kreativer werden wollte, sah man ihn zuweilen in den Gängen: Auf einem Einrad – mit mehreren Bällen jonglierend!

Praktische Beispiele: Einsatz der Techniken in der Schule

Die Anwendungsmöglichkeiten der bisher beschriebenen Techniken und Methoden in Schulen, Universitäten und sonstigen Ausbildungsstätten sind im Grunde unbegrenzt. Ich möchte aus einigen Bereichen einige Beispiele bringen, damit du ein Gespür dafür bekommst, wie vielfältig die Anwendung sein kann, wenn man Fantasie und Kreativität beim Lernen walten lässt.

Geschichtsdaten

Beginn des Dreißigjährigen Krieges: 1618. Ganz generell gilt: Je mehr man weiß, desto leichter und besser kann man lernen. Der Grund ist, dass man dadurch mehr Assoziationen zwischen dem Lernstoff und bereits vorhandenem Wissen erstellen kann. Ob diese Assoziationen fachintern sind, also direkt mit dem Thema zu tun haben und damit auf logischen Zusammenhängen beruhen, oder ob sie künstlich produziert sind, ist für das Lernen nahezu belanglos. Und warum soll man sich bei diesem wichtigen geschichtlichen Ereignis nicht vorstellen, dass dieser Glaubenskrieg wohl nie entstanden wäre, wenn man mit dem Goldenen Schnitt (ein in der Natur oft anzutreffendes harmonisches Verhältnis, der ja bekanntlich bei 1,618 liegt) jedem auf tolerante Weise seinen Glauben gelassen hätte.

Sturm auf die Bastille: 1789 (Beginn der Französischen Revolution).
Wie kann man sich dieses wichtige Geschichtsdatum merken?
Zum einen kann man wieder den Mentalfaktor »Assoziation« an-
wenden. Dass die »Mauer« in Deutschland 1989 fiel – das weiß
man ja bereits. Dies war ein sehr einschneidendes Erlebnis für
Deutschland. Genauso, wie es die Französische Revolution für
Frankreich (und sogar ganz Europa) exakt 200 Jahre früher war.
Und hier kann man auch den Faktor »Emotion« und eventuell »Lo-
gik« hineinbringen. Denn ist es nicht sonderbar, dass exakt auf das
Jahr genau 200 Jahre zwischen diesen beiden doch so ähnlichen
geschichtsträchtigen Ereignissen liegen?

Aber es gibt auch die Möglichkeit, das Master-System anzuwenden. Und zwar kann man die Jahreszahl 1789 zu 17 und 89 auf-
schlüsseln, denn für diese beiden Zahlenpärchen haben wir bereits Master-Begriffe entwickelt: Theke und VIP. Damit können
wir wieder unsere Fantasie spielen lassen und zu folgendem Merkbild kommen: An einer Theke (17) stehen viele sehr wichtige Menschen, eben VIPs (89), die heftig miteinander reden und schließlich den Aufruf zur »Französischen Revolution« beschließen. Im
Grunde funktioniert diese Methode mit allen (geschichtlichen)
Jahresdaten, versuche es einfach mal, und du wirst erstaunt sein,
wie gut es funktioniert (im Gedächtnisabschlusstest am Ende des
Buches kannst du dich dann in dieser Aufgabe testen).

Einsteins Geburtsjahr: 1879. Es gibt jedoch noch eine andere Methode, das Master-System bei Jahreszahlen einzusetzen. So kann
man nach der im dritten Kapitel dargestellten Ziffer-Konsonanten-
Codierung auch für mehrstellige Zahlen Begriffe finden und diese
dann mit dem Ereignis zu einem Merkbild verbinden. Wenn wir

Laufend memorieren!

Am Morgen der Deutschen Gedächtnismeisterschaft 2000, die in Friedrichshafen am Bodensee stattfand, bin ich noch durch die Stadt gejoggt, um wach und geistig fit zu werden. Dabei sah ich ein riesiges Plakat zum 100-jährigen Jubiläum des Luftschiffs von Graf Zeppelin. Auch stand dort das Geburts- und Sterbejahr vom Erbauer: 1838 bis 1917. Schlagartig fiel mir eine Eselsbrücke ein: 1838 war ein Jahr vor Beginn des zweiten Weltkrieges (nur 100 Jahre früher) und 1917 war ein Jahr vor Ende des ersten Weltkrieges. Nichts ahnend, wie diese Information mir später sehr hilfreich sein sollte, lief ich weiter.

Einen Tag später wurde ich wieder der glückliche Sieger der Gedächtnismeisterschaft und bekam ein riesiges Bild des Luftschiffs von Graf Zeppelin mitsamt einem Ticket für einen Freiflug auf dem neuen modernen Luftschiff überreicht. Natürlich erwartete man von mir eine Rede – und prompt konnte ich hierfür zum Erstaunen aller die Jahresdaten vom Grafen in die Rede einfließen lassen, unter gleichzeitiger Schilderung meiner persönlichen Eselsbrücke.

auf diese Weise das Geburtsjahr vom großen Physiker Albert Einstein abspeichern wollen, dann müssen wir einen Begriff für 879 finden (die 1 davor ist ja eigentlich klar).

Ich habe dafür die englische Vokabel »*Wake up*« (= Wach auf) aus **W** für **8**, **k** für **7** und **p** für **9**. Das passt wirklich prima, wenn man weiß, dass Einstein ein richtiger Langschläfer gewesen sein soll, der gerne seine zehn Stunden geschlafen hat. Also stelle ich mir einfach vor, dass ich ihn richtig kräftig wachrüttele und er so wieder neu geboren wird! (Übrigens braucht man keine Angst zu haben, dass man fälschlicherweise dieses Merkbild zu 1868 für das deutsche »Wach auf« rückverwandelt, das merkt man sich schon so. Wenn man dies trotzdem befürchtet, kann man ihn ja auch mental in einem riesigen Bett auf einem Hochhaus in Amerika, seiner Wahlheimat, schlafen lassen.)

Physikalische Größen und Zahlendaten

Normale Körpertemperatur des Menschen: etwa 36,5 °C. Auch diese wichtige Zahl kann man sich mittels Assoziation sehr leicht einprägen: Denn das Jahr hat ja normalerweise 365 Tage. Eine willkommene zusätzliche Eselsbrücke ist, dass Gerd Müller in seiner Fußballkarriere mit 365 in seiner Fußballlaufbahn geschossenen Toren seit Jahrzehnten unangefochten die Bestenliste anführt (insbesondere, wenn man sich vorstellt, dass er bei seinen fieberhaften Vorstößen wohl nicht die Normaltemperatur hatte).

Weitsprungweltrekord: 8,95 Meter. Manchmal passt eine Zahl auch so richtig gut zum Ereignis. So liegt schon seit einigen Jahren der Weitsprungweltrekord bei 8,95 Meter, eine fabelhafte Weite! Und genau dieses Wort »Fabel« steckt in 8,95 Meter.

100-Meter-Weltrekord: 9,58 Sekunden. Der Weltrekord bei dieser Disziplin wurde gerade in den letzten Jahren immer wieder verbessert. Doch das macht gar nichts, denn so hat man ganz nebenbei auch die Geschichte der Weltrekorde abgespeichert. Lief der Weltrekordler 2005 noch »bockig« (9,77 s) ins Ziel, so wurde der Rekord 2007 von einem »Bäcker« (9,74 s) gebrochen. Schließlich konnte danach der Jamaikaner Usain Bolt den Rekord mehrmals verbessern. Auf der WM 2009 lief er ganz locker mit einem »Pullover« (9,58 s) durch das Ziel!

0,239 Joule = 1 Kalorie. Dies ist zwar ein sehr persönliches Merkbeispiel für den Mentalfaktor »Assoziation«. Doch kann man damit schön zeigen, dass auch Informationen über sich selbst zum festen Einprägen von neuem Wissen hilfreich sein können: am 23. 9. bin ich nämlich geboren.

g = 9,81 m • s^{-2} (Erdbeschleunigung). Der genaue Wert der Erdbeschleunigung spielt in der Physik sowie Raumfahrt eine große Rolle und kann mit dem Master-System abgespeichert und zu »Pfote« transformiert werden: Ein mit den Pfoten auf der Erde stehender Hund wird erst bei einer Beschleunigung über 9,81 m • s^{-2} ins All geschleudert.

Vokabeln

Im dritten Kapitel wurde die Schlüsselwort-Methode zum Lernen von Vokabeln und Fremdwörtern beschrieben. An den folgenden Beispielen kannst du selber ausprobieren, wie deine Merkbilder sein sollten, damit du dich möglichst gut daran erinnerst (wenn du nicht mehr genau weißt, wie die Methode funktioniert, dann schlage noch einmal auf Seite 71 nach). Du kannst ja auch deinen Freunden diese Vokabeln als Aufgabe geben. Es ist immer wieder spannend zu sehen, wie unterschiedlich die Ideen sein können.

Vokabel mit Übersetzung	Schlüssel-wort	Merkbild
brittle = spröde		
brat = unartiges Kind		
croon = Schnulze		
peat = Torf		
harm = Schaden		
to nibble = knabbern		
proof = Beweis		
spark = Blitz		
amiss = verkehrt		
anger = Zorn, Wut		

Fremdwörter

Auch Fremdwörter oder Fachwörter kann man problemlos mit der Schlüsselwort-Methode lernen. Präge dir die folgenden Fremdwörter ein, indem du dir ein ähnlich klingendes Schlüsselwort suchst und dann ein einprägsames Merkbild erstellst.

Fremdwort mit Erklärung	Schlüsselwort	Merkbild
Kakophobie = Angst vor Hässlichkeit		
Oxymoron = Paarung von zwei gegensätzlichen Begriffen* (zum Beispiel bittersüß)		
Anemometer = Windmessgerät		
Gondwana = Großkontinent		
Megalomanie = Größenwahn		

* Hoffentlich kann dieses Buch dabei helfen, dass der Begriff »Lernspaß« nicht als Oxymoron empfunden wird.

Chemische Fakten

Die Halogene. Der chemische Begriff »Halogene« kommt aus dem Griechischen; »*hals*« bedeutet »Salz« und »*gennan*« heißt »erzeugen«. Halogene sind also "Salzerzeuger" oder auch "Salzbildner". Nahezu jeder muss irgendwann während der Schulzeit alle Elemente lernen, die zu der Reihe der Halogene gehören, welche folgende sind:

Elementsymbol	F	Cl	Br	I	At
Elementname	Fluor	Chlor	Brom	Iod	Astat

Natürlich kann man diese fünf Elemente durch mehrfaches Wiederholen dieses trockenen Lernstoffs »pauken«, doch leichter ist es mit einer kurzen »Memo-Geschichte«! Das macht mehr Spaß, führt zu einer sicheren Abspeicherung und ermöglicht so ganz nebenbei, die genaue Reihenfolge der Elemente wiederzugeben, denn für viele chemische Fragen muss man diese Reihenfolge kennen.

Zum Beispiel ist folgende Memo-Geschichte möglich: Ein Floh (Fluor) hüpft durch das Badezimmer und landet im Klo (Chlor). Glücklicherweise schwimmt darin eine Brombeere (Brom), auf die er sich rettet. Nachdem er die Brombeere erklommen hat, fängt er laut an, um Hilfe zu jodeln (Iod). Glücklicherweise reicht ihm jemand einen Ast (Astat) hinein.

Meine eigene Merkgeschichte ist jedoch gänzlich anders: Du musst mal wieder den Flurboden (Fluor) schrubben und gießt dafür beißendes (Chlor)-Putzmittel ins Waschwasser. Dann nimmst du einen »Broom« (Brom), das englische Wort für Besen, und einen feuchtes Wischtuch aus Jute (Iod) und wischt ordentlich auf. Am Schluss stehst du nach getaner Arbeit vor dem bekannten Problem: Wie kannst du den sauberen gewischten Boden verlassen, ohne ihn wieder schmutzig zu machen? Da rettet dich eine Idee: An einem Ast (Astat) über dir hangelst du dich über ihn hinweg.

Bronze und Messing. Bei diesen beiden Begriffen handelt es sich um zwei sehr bekannte Legierungen, die in unserem Alltag vielfältige Anwendung finden. Zur Erinnerung: Legierungen sind quasi Gemische aus mehreren Metallen, die oftmals andere/bessere Eigenschaften als die Ausgangsmetalle besitzen. Bei diesen beiden Legierungen ist das Hauptmetall Kupfer, zusätzlich ist in einem Fall noch Zinn, im anderen Fall noch Zink enthalten. Doch was ist wo drin? Dies ist mit einer Portion Logomonik ganz einfach. Messing klingt am Ende so wie Zink – und das ist hier auch enthalten.

Adenin und Guanin. Ein etwas komplizierteres Beispiel aus der Biochemie wirft ein weiteres Licht auf die Möglichkeiten der Logomonik. Die Erbsubstanz aller Lebewesen enthält sämtliche Informationen über den Aufbau des Organismus. Die Sprache der Erbsubstanz, also der DNA, besteht im Grunde nur aus vier Buchstaben, nämlich aus den vier Basen Adenin (A), Cytosin (C), Guanin (G) und Thymin (T). Jeweils zwei davon sind von der Struktur her sehr ähnlich, und zwar spricht man von den zwei Purinbasen und den zwei Pyrimidinbasen. Doch welche sind die Purinbasen?

Ihr könnt euch nicht vorstellen, wie oft ich das in meinem Leben immer wieder von neuem gelernt habe – im Gymnasium, in Biologievorlesungen, im Chemiestudium und für meine Doktorprüfung. Ich hatte es nämlich einfach nur auswendig gelernt, ohne meine Fantasie einzusetzen.

Doch dann habe ich mir einfach einmal kurz Zeit genommen, um folgendes Merkbild zu erstellen: Natürlich, Adenin und Guanin sind die Purinbasen, denn diese beiden Anfangsbuchstaben bilden die Bezeichnung AG für Aktiengesellschaft. Und diese AG hat sich auf die Herstellung von (P)Urin spezialisiert! Seitdem kann ich dieses Wissen immer fehlerfrei abrufen!

Rechtschreibung und Sonstiges

Büfett (Bühne + Fett). Auch beim Einprägen der Schreibweisen von etwas schwierigeren deutschen Wörtern kann man die sieben Mentalfaktoren zu Hilfe nehmen: Es gibt sicherlich zahlreiche sehr kreative Schreibweisen für dieses aus dem Französischen stammende Wort: Warum stellt man sich also nicht ein Büfett vor, welches auf einer **Bü**hne steht und nur aus **fett**em Fleisch besteht?

PISA-Siegerland: Finnland. Finnland ging in den PISA-Studien von 2000, 2003 und 2006 regelmäßig als Testsieger hervor. Das habe ich schon oft gelesen, und war mir dann letztendlich doch nie sicher, wenn ich gefragt wurde (ich hatte lediglich nur fest abgespeichert, dass es eines der skandinavischen Länder war). Doch dann hatte ich plötzlich eine Idee: Fast jeder kennt doch aus Mark Twains berühmtestem Roman Toms Freund Huckleberry **Finn**. Dieser Bursche ging eigentlich nie zur Schule! Meine »logische« Merkassoziation: Er war als Kind in **Finn**land zur Schule gegangen und hatte dort bereits genug gelernt.

101

Kafka hilft bei KOFGA. Auch das ist etwas, was jeder immer wieder lernen muss und doch immer wieder vergisst: die Einteilungsbezeichnungen im Klassifikationssystem aller Lebewesen. Doch schlage dem Vergessen mit folgendem Merkbild ein Schnippchen: Stell dir vor, dass der berühmte Schriftsteller Franz Kafka im Klassenzimmer dieses Einteilungssystem erklären will und dann aber k.o. geht. Aus Kafka wird KOFGA, die richtige Reihenfolge für: **K**lasse → **O**rdnung → **F**amilie → **G**attung → **A**rt

GHAHGA und das Dreieck. Diese einprägsame Hilfestellung für eine schwierig zu lernende Information aus der Mathematik erhielt ich vom österreichischen Weltmeister 2004 im Memorieren von Wörtern. Er ging noch zur Schule und wurde wie wir alle mit den Begriffen »Sinus«, »Cosinus« und »Tangens« gequält. Ich kann mich noch erinnern, wie selbst mein Mathematiklehrer bei der Einführung in dieses Thema Sinus und Cosinus durcheinanderbrachte und ich ihn verbessert habe, da ich die Sommerferien schon ein wenig vorgelernt hatte. Nun, die drei Begriffe stehen für die Seitenverhältnisse bei einem Dreieck: Sinus = **G**egenkathete durch **H**ypotenuse, Cosinus = **A**nkathete durch **H**ypotenuse, Tangens = **G**egenkathete durch **A**nkathete. Die Anfangsbuchstabens bilden also das lustige Wort »GHAHGA«, und die Reihenfolge Sinus, Cosinus und Tangens ist fast natürlich gegeben, da man diese Begriffe normalerweise in dieser Reihenfolge durchnimmt.

Mens sana in corpore sano. Den berühmten lateinischen Spruch (»Ein gesunder Verstand in einem gesunden Körper«) sollte man schon richtig sagen, wenn man es auf Latein versucht. Ich habe schon einige Nicht-Lateiner gehört, die mit den Endungen durcheinander kamen (und eine Sa(h)ne in diesem Spruch macht sich wirklich nicht so gut). Doch gibt es kein Problem, wenn man sich merkt, dass die Endungsvokale in aufsteigender Reihenfolge stehen: a, e, o.

Die 10 Gebote als Memo-Geschichte

Schon beim Lernen der Halogene hatten wir eine Memo-Geschichte entwickelt. Eine solche kann man auch für das feste Abspeichern aller 10 Gebote (die Moses von Gott erhalten hat) verwenden. Diese lauten:

1. **Du sollst keine anderen Götter neben mir haben**

2. **Du sollst dir kein Bildnis machen von mir**

3. **Du sollst den Namen des Herrn nicht missbrauchen (fluchen)**

4. **Du sollst den Sabbattag heiligen**

5. **Du sollst deinen Vater und deine Mutter ehren**

6. **Du sollst nicht töten**

7. **Du sollst nicht ehebrechen**

8. **Du sollst nicht stehlen**

9. **Du sollst nicht falsch Zeugnis reden**

10. **Du sollst nicht begehren, was dein Nächster hat**

Auch hierbei sollten wir uns wieder an die sieben Mentalfaktoren des ersten Kapitels erinnern, denn der erste Schritt ist eine Transformation dieser 10 Gebote zu 10 anschaulichen Begriffen. Da man die 10 Gebote in der Regel schon öfters gehört hat, kommt man dann durch diesen Begriff in der Memo-Geschichte leicht auf die gesamte Gebotsformulierung.

Ich habe mich für folgende Transformationsbegriffe entschieden, mit denen ich dann eine Mentalgeschichte erstelle.

1. Andere

2. Bild

3. Fluchen

4. Sonntag

5. Eltern

6. Messer

7. Ehering

8. Klauen

9. Zeugnis

10. Nachbar

Diese Memo-Geschichte lässt man am besten in der Kirche ablaufen, zum Beispiel so: Stell dir vor, du sitzt in der Kirche und ganz viele **andere** setzen sich ganz eng zu dir. Das ist dir unangenehm, und du schiebst sie so weit weg, dass einer von ihnen an ein an der Wand hängendes großes **Bild** Gottes kommt und dieses herunterfällt. Ganz erschrocken **fluchen** einige »Um Gottes willen!«. Doch die Atmosphäre entspannt sich, als die wärmenden Sonnenstrahlen des wunderschönen **Sonntag**s durch die Kirchenfenster dringen. Plötzlich öffnen sich die Türen, und es kommen Menschen herein: Kinder, die ihre **Eltern** auf den Händen tragen! Nach dem Gottesdienst gehst du aus der Kirche und siehst, wie Kain seinen Bruder Abel mit einem **Messer** ersticht. Als dieser zu Boden fällt, zerbricht auch sein goldener **Ehering**. Sofort kommt eine diebische Elster angeflogen, um ihn zu **klauen**. Am nächsten Morgen erzählst du diese Geschichte in der Schule, bekommst vom Lehrer aber doch ein schlechtes **Zeugnis** in die Hand gedrückt (weil er denkt, dass du lügst). Neidisch schaust du dann, zu deinem (Tisch-)**Nachbarn** rüber, der eine Eins bekommen hat.

Natürlich ist diese Memo-Geschichte total verrückt, aber du wirst sehen, wenn du sie im Geiste zwei bis drei Mal abspielst und sie dir ganz plastisch vorstellst, wirst du problemlos alle 10 Gebote vollständig und sogar in der richtigen Reihenfolge aufsagen können. Wenn du sie dann von Zeit zu Zeit wiederholst, wirst du die 10 Gebote dein ganzes Leben lang aus dem Gedächtnis abrufen können.

100 positive Wörter – die Power-Route

Gerade die Loci-Methode lässt sich wunderbar einsetzen, um Lernstoff für die Prüfung oder noch weit darüber hinaus sehr lange abzuspeichern. Im Jahr 2005 bin ich mit zwei anderen Deutschen Mannschaftsweltmeister auf der Gedächtnisweltmeisterschaft geworden. Souverän konnten wir alle anderen Nationen aus vielen Teilen der Welt schlagen. Doch waren meine beiden Teamkollegen nicht nur im Gedächtnissport herausragend, sondern auch in der Schule bzw. im Studium, wo sie auch beide die hier beschriebenen Techniken und Methoden einsetzten – insbesondere die Loci-Methode. Der eine studierte Informatik und Physik und setzte die Loci-Methode ein, um wichtige Gesetze, Regeln, Formeln, Fachbegriffe usw. seiner Studienfächer auf Routen sicher und stets fehlerfrei abrufbar abzulegen. Der andere machte gerade sein Abitur und setzte die Loci-Methode in einem seiner Hauptfächer – der Philosophie – ein. Auf 300 Routenpunkten hatte er wichtige Informationen zu zahlreichen Philosophen, ihren Arbeitsgebieten, Theorien, Kernsätzen etc. abgelegt. Keine Frage, dass er problemlos mit einer Einser-Note die beste Klausur in der Abschlussprüfung schrieb.

Wichtig ist bei dieser Art des Lernens, dass du mit viel Fantasie und Kreativität die abzuspeichernde Information in ein Bild verwandelst und dann an dem Routenpunkt fest verankerst. Damit es klarer wird, wie man die Loci-Methode zum Lernen einsetzt, gebe ich nun einige Beispiele zu einer meiner dauerhaften Wissensrouten – meiner Power-Route!

Der Hintergrund meiner Power-Route ist der, dass man sehr oft die Wörter »gut«, »schön« oder »groß« hört, wenn man etwas Besonderes getan hat oder man gelobt wird. Solche Wörter als Lob zu hören ist sicherlich motivierend, doch gibt es so viele andere positive und aufbauende Wörter, die noch viel aussagekräftiger und effektvoller sind. 100 davon habe ich mir mal zusammengesucht und auf einer festen Route im Kopf abgespeichert. Auf diese Weise habe ich immer das passende Wort parat!

Bei genauer Betrachtung der Wörter, erkennt man vielleicht auch schon eine gewisse Struktur. Eine solche gruppierende Struktur beim Ablegen der Information auf den Routenpunkten zu gestalten ist ein weiterer wichtiger Aspekt bei dieser Art des Lernens. So sind die Wörter 49 bis 55 in ungefährer alphabetischer Reihenfolge geordnet. Dann folgen einige nicht so häufig benutzte Begriffe aus der älteren deutschen Sprache. Danach stehen von Position 66 bis 80 kraftvolle Ausdrücke der Jugendsprache (sicherlich ist ge-

Meine Power-Route der 100 positiven Wörter

1 ansehnlich	25 herrlich
2 atemberaubend	26 hervorragend
3 auffallend	27 himmlisch
4 ausgezeichnet	28 hochkarätig
5 außerordentlich	29 immens
6 bahnbrechend	30 imponierend
7 beachtlich	31 köstlich
8 beeindruckend	32 märchenhaft
9 beispiellos	33 meisterhaft
10 berauschend	34 mitreißend
11 bewundernswert	35 mustergültig
12 bilderbuchmäßig	36 musterhaft
13 bestechend	37 prächtig
14 blendend	38 prachtvoll
15 eindrucksvoll	39 prickelnd
16 einmalig	40 sagenhaft
17 einzigartig	41 staunenswert
18 enorm	42 traumhaft
19 ergreifend	43 überragend
20 erstklassig	44 überwältigend
21 fabelhaft	45 umwerfend
22 gewaltig	46 unerreicht
23 glänzend/glanzvoll	47 unnachahmlich
24 großartig	48 unübertrefflich

49 unvergleichlich	75 super
50 vollendet	76 affenstark
51 vollkommen	77 bärenstark
52 vorbildlich	78 megamäßig
53 vorzüglich	79 megageil
54 wunderbar	80 exorbitant
55 zauberhaft	81 exquisit
56 achtsam	82 exzellent
57 ausnehmend	83 exzeptionell
58 begnadet	84 fulminant
59 berückend	85 faszinierend
60 ehrfurchtgebietend	86 frappant
61 epochemachend	87 respektabel
62 makellos	88 superb
63 tadellos	89 brillant
64 trefflich	90 triumphal
65 verheißungsvoll	91 grandios
66 prima	92 kolossal
67 cool	93 spektakulär
68 spitze	94 fantastisch
69 toll	95 phänomenal
70 doll	96 sensationell
71 tierisch	97 gigantisch
72 dufte	98 genial
73 irre	99 bombastisch
74 riesig	100 galaktisch

rade diese Liste mitnichten komplett). Und ab 81 sind dann Begriffe, die fremden Sprachen entstammen oder extrem ausdrucksstark sind, aufgelistet, wobei die höchste Steigerung im letzten Wort »galaktisch« liegt.

Und wo und wie habe ich diese 100 Wörter denn nun abgespeichert? Nun, es ist eine Route, die ich in dem Krankenhaus gemacht habe, in dem meine liebe Frau unser erstes Kind bekommen hat. Natürlich besteht sie entsprechend der Anzahl an »Power«-Wörtern aus 100 Loci-Punkten. Alle Memobilder zu beschreiben, wäre ein wenig zu lang, aber der Anfang geht so:

Ich steige aus der Straßenbahn aus und sehe ein Plakat (an) und denke mir: »Das ist ja ganz **ansehnlich**. Dann fährt die Straßenbahn in hohem Tempo weg, und ich stelle mir vor, wie ich nebenherlaufe und es mir den Atem raubt, also **atemberaubend**. Ich gehe über die Straße in Richtung des Krankenhauses, und mir fällt eine große Holzkiste direkt vor dem Zeitungskiosk auf, sie ist verschlossen, aber ich stelle mir vor, wie sie auf ist und dann aber der Deckel runter fällt – in diesem Bild steckt das Wort **auffallend**. Dann schaue ich durch das Fensterglas vom Kiosk und zeichne (im Geiste) mit Füllstift auf dem Glas. Der Kioskbesitzer ist begeistert von der Zeichnung und ruft aus: **Ausgezeichnet**! Dann komme ich an einem kleinen Bäumchen vorbei, das mit Schnüren ganz außergewöhnlich ordentlich in der richtigen Position zum Wachsen gehalten wird – **außerordentlich**. Bevor ich dann zum Krankenhausgelände gelange, schlendere ich noch an einem großen Strauch mit vielen Zweigen vorbei; und wenn man sich nun vorstellt, wie eine Bahn darauf fährt und diese Zweige dadurch brechen, hat man schnell den Begriff **bahnbrechend**. Und so geht es dann mit viel Fantasie und spaßigen Bildern an allen 100 Routenpunkten entlang. Vielleicht ahnt ja einer von euch, was am Routenpunkt mit dem letzten Wort **galaktisch** passiert? Natürlich! Mit einem lauten Schrei begrüßt meine Tochter Kim Michelle Maria als neuer Erdenbürger endlich die Welt!

Und noch ein Tipp: Natürlich musst du diese Liste nicht lernen, aber schaue sie dir genauer an, suche dir Wörter heraus, die du einfach toll findest, und benutze sie manchmal in geeigneten Situationen – das kann einen Bombeneffekt haben! Diesen hatte Mr. Spock von Raumschiff Enterprise immer, wenn er sein berühmtes »Faszinierend!« über die Lippen brachte.

Geografie: Unsere 16 Bundesländer mit Landeshauptstädten

Die Struktur von Deutschland

Links ist der Grundriss Deutschlands. Wenn man genau hinschaut, sieht das Bild aus wie ein **Kopf**, der nach rechts schaut und den Mund weit aufreißt. Der dunkle Fleck könnte ein **Auge** sein, das ist Berlin. Baden-Württemberg bildet dabei den **Hals**; Bayern stellt das dicke **Kinn** dar, und Sachsen zeigt die obere **Mundpartie** und die **Nase**.

Durch dieses Bild eines Kopfes hast du schon ein Bild für die gesamte Struktur von Deutschland »im Kopf«. Aber wie merkt man sich alle Bundesländer mit den dazugehörigen Hauptstädten – und das vielleicht auch noch in der richtigen Reihenfolge der Größe der Bundesländer?

Vorab die Auflistung der 16 Bundesländer mit der jeweiligen Hauptstadt (mit Größe und Einwohnerzahl: Stand 31.12.2004; insgesamt: 82,5 Millionen).

Bundesland	Landes- hauptstadt	Größe (km²)	Einwohner (Millionen)
1 Bayern	München	70 553	12,44
2 Niedersachsen	Hannover	47 348	8,00
3 Baden-Württemberg	Stuttgart	35 751	10,72
4 Nordrhein-Westfalen	Düsseldorf	34 068	18,07
5 Brandenburg	Potsdam	29 053	2,57
6 Mecklenburg-Vorpommern	Schwerin	23 800	1,72
7 Hessen	Wiesbaden	21 114	6,09
8 Sachsen-Anhalt	Magdeburg	20 443	2,49
9 Rheinland-Pfalz	Mainz	19 848	4,06
10 Sachsen	Dresden	18 412	4,29
11 Thüringen	Erfurt	16 251	2,36
12 Schleswig-Holstein	Kiel	15 730	2,83
13 Saarland	Saarbrücken	2570	1,06
14 Berlin	Berlin	883	3,39
15 Hamburg (Freie und Hansestadt)	Hamburg	755	1,73
16 Bremen (Freie Hansestadt)	Bremen	404	0,66

Oft muss man beim Lernen entscheiden, ob eine Information so wichtig ist, dass man sie sich dauerhaft einprägen möchte. Diese Information über die 16 Bundesländer Deutschlands ist es sicherlich; denn du bist vermutlich in Deutschland geboren und/oder dort aufgewachsen und wirst häufig in den Nachrichten oder den Medien von Geschehnissen in den einzelnen Bundesländern oder deren Hauptstädte hören.

Einsatz von Loci-Storys für dauerhaftes Wissen

Wie du sehen kannst, hat die Bundesrepublik Deutschland 16 Bundesländer. Selbst Erwachsene wissen oft nicht, welches die größten Bundesländer sind und wie deren Landeshauptstädte heißen! Dabei ist das kein Problem, wenn man die richtigen Tricks für dauerhaftes Lernen kennt. Dieses Wissen kann, beispielsweise erworben durch die nachfolgende Loci-Story-Methode und gelegentlich wiederholt, ein Leben lang aus dem Gedächtnis abrufbar sein.

Wenn man sich die Reihenfolge der Bundesländer mit den dazugehörigen Landeshauptstädten gut einprägen möchte, dann sollte man am besten die Loci-Methode mit der Geschichtenmethode kombinieren – das nenne ich dann die **Loci-Story-Methode**!

Für den Fall, dass du schon richtig Spaß an dieser Form des Lernens gefunden hast und erst einmal darüber nachdenken möchtest, wie eine solche Loci-Story aussehen könnte, gebe ich nur den Anfang und 16 Routenpunkte vor – dann überlege selber.

Das allgemeine Vorgehen ist so: Ein Ersatzwort für das Bundesland (zum Beispiel Brand für Brandenburg) ist mit dem Routenpunkt zu verknüpfen. Anschließend verbindet man ein weiteres

Ersatzwort, jetzt für die Landeshauptstadt, (zum Beispiel schwer für Schwerin) mit dem Ersatzwort für das Bundesland. Dieses Doppelbild verknüpft man mit einem Routenpunkt.

Die Loci-Story für Deutschland

1. Das größte Bundesland von Deutschland ist Bayern, und die Hauptstadt heißt München. Dies ist besonders einfach, denn wohl jeder wird den erfolgreichsten deutschen Fußballverein **Bayern München** kennen. Deshalb spielt unsere Loci-Story im Fußballstadion von Bayern München.
2. Das zweitgrößte Bundesland ist **Niedersachsen** mit der Hauptstadt **Hannover**. Dies ist schon ein wenig schwieriger und verlangt recht viel Fantasie und auch etwas Zusatzwissen.

Doch wie geht die Geschichte nun eigentlich? Wie gesagt, beginnt sie mit dem Fußballstadion in München, in dem das Team von Bayern München in einigen Stunden spielen wird. Also müssen erst noch die Zuschauer kommen, die meist mit großen Bussen

Niemand weiß, was er tun kann, bis er es versucht hat.

Syrus

anreisen. Visualisiere einen Bus, in dem viele Zuschauer sitzen und der aus Niedersachsen kommt. Doch das eigentliche Memobild ist der **Nieder**gang des **Sachs**-Motors. Der Bus hat nämlich diesen recht bekannten Sachs-Motor, und der geht zur Empörung aller Insassen plötzlich kaputt (Niedergang), so dass der Bus stehen bleibt. Jetzt muss sich der Busfahrer natürlich etwas einfallen lassen. Als Ersatzmotor hat er noch einen Ofen im Bus: Er schiebt also zum Antrieb einen **Hahn** in den **Ofen**. Das klingt sehr ähnlich zur Hauptstadt Hannover! Erstelle ein entsprechendes Bild im Geist für diese Situation unserer Geschichte.

3. Endlich sind die Zuschauer mit ihrem Bus angekommen und gehen zum Ticketschalter des Stadions. Sie erwarten dort den Ticketverkäufer, sind aber ganz verdutzt, als sie hineinschauen. Dort sehen sie nämlich etwas ganz Merkwürdiges: Auf einem **würdevollen Berg baden** (Baden-Württemberg) **Stuten** (Stuttgart).

4. Nun bist du schließlich im Stadion und gehst zu deinem nummerierten Platz, und zwar in der **Nord-West**-Kurve (Nordrhein-Westfalen). Doch irgendein **Dussel** (Düsseldorf) hat sich da frecherweise schon hingesetzt, und du scheuchst ihn weg.

So, das wäre der Anfang. Jetzt versuche du, die Liste der Bundesländer in entsprechender Weise mit den nachfolgend aufgeführten Routenpunkten fortzusetzen (obgleich du natürlich auch die Routenpunkte abändern kannst, wenn dir etwas Gutes einfällt).

1. Fußballstadion allgemein _____

2. Motor des Anreisebusses _____

3. Ticketschalter _____

4. Sitzplatzkurve _____

5. Imbissstube _____

6. Dicker Mann _____

7. Fahne _____

8. Getränkebedienung _____

9. Mannschaftstunnel _____

10. Anstoßpunkt _____

11. Tor _____

12. Seitenplakat _____

13. Laufbahn _____

14. Ausgang _____

15. Haltestelle _____

16. Heimfahrt _____

Na, wie bist du zurechtgekommen? Falls du mit deiner Loci-Story nicht zufrieden bist, habe ich meine Geschichte für dich weitergeführt:

1. Fußballstadion allgemein: Für die Fußballmannschaft **Bayern München**

2. Motor des Anreisebusses: **Nieder**gang des **Sachs**-Motors, zur Aktivierung **Hahn** in **Ofen**

3. Ticketschalter: Da sind **Stuten**, die **baden** (mit **Würde**) auf einem **Berg**

4. Sitzplatzkurve: In der **Nord-West**-Kurve sitzt ein **Dussel** auf deinem Platz

5. Imbissstube: Dort **brennt** das Feuer ordentlich und erwärmt den **Pott**

6. Schwerer Mann: Ein **schwerer** Mann rempelt dich an und **meckert** rum

7. Fahne: Nun wird endlich die Fahne an der **Wiese gehisst**

8. Getränkebedienung: »**Anhalten**!« schreist du zu der **Magd** und bestellst eine Cola

9. Mannschaftstunnel: Nun können wir sie **rein**lassen: Das **Main**z**e**lmännchen-Team kommt

10. Anstoßpunkt: Spieler versenken **Achsen** im Anstoßpunkt: Durch **Drehen**

11. **Tor**: Spieler **ringen** vor dem Torwart, der bekommt ein Schreck! **Er furzt**

12. Seitenplakat: **Holsten-Bier**-Werbung zeigt Segelschiff mit riesigem **Kiel**

13. Laufbahn: Der Sprinter **sah Land** (Bahn) und **sah Brücken** (Hürden) vor sich

14. Ausgang: Die Verlierer-Fans bekommen einen **Berliner** zum Trost

15. Haltestelle: Die Sieger lachen schallend »**Ha Ha**« (Hansestadt Hamburg)

16. Heimfahrt: Und paffen siegestoll eine **HB** (Hansestadt Bremen)

Diese Loci-Story-Methode funktioniert prima. Versuche, sie immer dann anzuwenden, wenn du eine längere Abfolge von zueinander ähnlichen Informationen dauerhaft lernen möchtest, insbesondere wenn die Reihenfolge ebenfalls eine Rolle spielt.

Übrigens hat bereits der berühmte US-amerikanische Schriftsteller Mark Twain (1835–1910) seinen Kindern damals die 37 Monarchen Englands seit »William dem Eroberer« im Jahr 1066 mit einer »History road« auf seiner Ranch beigebracht (nachdem die Hauslehrerin es den Kindern die ganzen Sommerferien lang vergeblich einzutrichtern versucht hatte). Mit der von ihm entwickelten »History road« lernten die Kinder den Stoff spielend in nur einem Tag. Und er selbst hat diese Wissensroute sein Leben lang nie vergessen!

Welcher Sprachen-Lerntyp bist du?

Schon seit meiner Kindheit mache ich mir darüber Gedanken, warum einige Menschen so leicht und fast ohne Anstrengung neue Sprachen lernen und andere dagegen trotz intensiven Lernens auch nach Jahren noch Schwierigkeiten haben, einen flüssigen Satz in der Fremdsprache über die Lippen zu bringen. Durch viele Gespräche und eingehende Beobachtungen bin ich zu dem Schluss gekommen, dass es im Grunde zwei Sprachen-Lerntypen gibt, welche die zwei Extreme einer großen Bandbreite des Sprachenlernvermögens darstellen.

Für diese zwei Sprachen-Lerntypen habe ich zwei Begriffe erfunden: »logokognitiver Typ« und »audiomatischer Typ«. Diese beiden Typen unterscheiden sich in der Verarbeitung der Information beim Lernen – insbesondere beim Lernen einer Sprache, aber auch beim Lernen von anderen Lernstoffen.

Test: Bist du der logokognitive oder der audiomatische Typ?

Durch die Beantwortung von nur ein paar Fragen kannst du nun aber erst einmal selbst erfahren, zu welchem der beiden Sprachen-Lerntypen du eher gehörst. Kreuze zu jeder Frage einen der fünf Antwortkästen entsprechend deiner Selbsteinschätzung an:

	Nein	sehr wenige	+/– ein paar	recht viele	Ja, sehr viele
	– 20	– 10	0	+ 10	+ 20
1. Kennst du die Texte deiner Lieblingslieder?	◯	◯	◯	◯	◯
2. Beherrscht du Dialekte (wenn auch nur kurze Sätze/Phrasen)?	◯	◯	◯	◯	◯
3. Fallen dir spontan Werbeslogans ein?	◯	◯	◯	◯	◯
4. Nimmst du Sprachbrocken von einem Auslandsurlaub mit?	◯	◯	◯	◯	◯
5. Kennst du noch Reime aus deiner Kindheit	◯	◯	◯	◯	◯

Summe (%) ◯

Auswertung zum Sprachenlerntyp-Test

Zähle nun deine Punkte zusammen. Für jede Antwort gibt es – 20, – 10, 0, 10 oder 20 Punkte, so dass dein Gesamtwert zwischen – 100 und 100 liegen kann. Bitte betrachte einen Gesamtwert im Minusbereich nicht als negative Wertung deiner Fähigkeiten. Der Wert gibt lediglich entsprechend deiner Punktzahl (wie du es dem Wertebalken auf Seite 120/121 entnehmen kannst) den Prozentwert

Logokognitiver Typ — ←

100 %	90	80	70	60	50	40	30	20	10

wieder, mit dem du eher dem logokognitiven Typ oder dem audio-matischen Typ zuzuordnen bist. So ist ein Gesamtwert von – 60 so zu verstehen, dass du zu 60 Prozent eher ein logokognitiver Spra-chen-Lerntyp bist.

Doch wie unterscheiden sich nun diese beiden Typen, und – was noch viel wichtiger ist – was müssen diese beiden Typen beim Ler-nen von Fremdsprachen beachten, damit sie noch effektiver ler-nen?

Bevor die zwei Sprachen-Lerntypen näher beschrieben werden, mag ein Gleichnis den Unterschied dieser zwei Lerntypen verdeut-lichen: Eine Sprache zu lernen ist wie die Eroberung einer riesigen Burgbefestigung. Sie kann als Grenzbetrachtung auf zwei Arten erobert werden. Entweder durch den steten Beschuss mit donnern-den, schlagkräftigen Kanonen (der Weg des audiomatischen Sprachtyps, der mit seiner mehr oder weniger großen »Gehirn-waffe« ohne viel Anstrengung einfach immer wieder auf die Burg-mauern losschießt und so schließlich sein Ziel erreicht), oder durch die sorgfältige Ergründung und Begutachtung der Befesti-gungsmauer, um Stellen zum leichten, gewaltlosen Eindringen auszukundschaften (der Weg vom logokognitiven Sprachenlern-Typ, der sich hauptsächlich auf seinen logischen Verstand verlas-

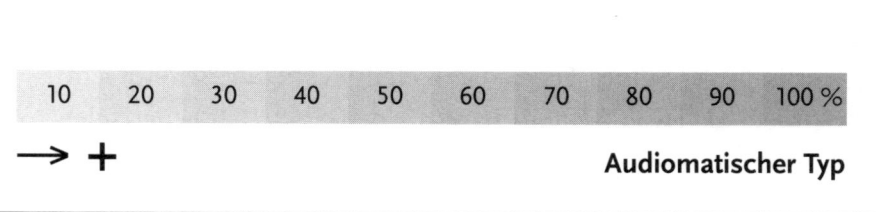

sen muss, um die Regeln, Ausnahmen und grammatikalischen Strukturen der Sprache zu erlernen, da er über ein weniger einschlagkräftiges »Geschoss« verfügt).

Eigenschaften des audiomatischen Sprachen-Lerntyps

Der audiomatische Sprachen-Lerntyp nimmt vornehmlich über das Gehör (→ audio) die Information fast ganz automatisch (→ matisch) auf. Ohne bewusste Anstrengung, rein durch ständige Wiederholung bleiben die Wörter – ob nun die Wörter eines Liedes, eines Dialektes, eines Reims, eines Slogans oder einer fremden Sprache – als Klang in akustischen Gedächtnisarealen haften und sind leicht abrufbar. Es ist für diesen Typ keine tiefer gehende Verarbeitung des Lernmaterials erforderlich, um Sprachen selbst bis zu einem hohen Niveau zu beherrschen. Man kann fast sagen, dass dieser Typ sich einen Teil der ausgeprägten automatischen und unbewussten Lernfähigkeit der Babys erhalten hat.

Übrigens bin ich ein extremes Beispiel des Gegenteils, des logokognitiven Lerntyps mit dem negativen Maximalwert von – 100. Vielleicht mag es dich verwundern, aber ich gestehe es: Obgleich ich sicherlich schon über 100 Mal meine Lieblingslieder gehört habe, könnte ich keine einzige Strophe des Textes aufsagen oder mitsingen! Und damit nicht genug: In Hamburg aufgewachsen, habe ich sechs Jahre meines Lebens in Baden-Württemberg verbracht sowie mehr als zwölf Jahre in Bayern – denkst du, ich beherrsche auch nur einen einzigen Satz der dort gesprochenen Dialekte?

Eigenschaften des logokognitven Sprachen-Lerntyps

Der logokognitive Typ hat es im Vergleich zum audiomatischen Typ dagegen um einiges schwerer beim Fremdsprachenlernen. Das Lernen muss für ihn über eine logische (logo) und Erkenntnis gewinnende (kognitive) Verarbeitung ablaufen. Bewusst muss er sich das Lernmaterial erarbeiten; und auch wenn er es gänzlich verstanden hat, dauert es noch eine Weile, bis er es ohne Überlegen flüssig abrufen kann. So kann dieser Typ eine (Fremd)-Sprache vielleicht schon gut schreiben, aber noch lange nicht sprechen.

Vor dem Hintergrund dieser Einteilung beachte bitte, dass im Gegensatz zur landläufigen Meinung das Beherrschen mehrerer Fremdsprachen keineswegs immer ein Zeichen hoher Intelligenz ist. So sind in der Wissenschaft so genannte »Idiot Savants« (Personen mit extrem niedrigem IQ von 40 bis 70, aber mit einzelnen herausragenden Fähigkeiten) untersucht worden, die trotz ihres intellektuellen Defizits mehrere Sprachen perfekt beherrschten. Auf der anderen Seite ist auch hohe Intelligenz kein Garant für gutes Sprachvermögen oder Sprachenlernvermögen. Einstein hatte insbesondere als Kind starke Sprachprobleme, so dass die Eltern ihn zeitweise für geistig unterentwickelt hielten; und sein Englisch wurde trotz seines langen Aufenthaltes in den USA nie wirklich gut. Dagegen gibt es natürlich auch Menschen, die äußerst leicht Sprachen aufnehmen und zusätzlich einen ausgeprägten logisch-analytischen Verstand besitzen. Diese sind jedoch äußerst selten.

Lerntipps für beide Sprachenlerntypen

Was machst du nun aber mit deinem Testergebnis? Welche Tipps und Regeln lassen sich aus deinem Ergebnis des Sprachtyp-Tests ableiten?

Insbesondere wenn du zu einem Lerntyp hin eine starke Ausprägung hast – also entweder – 40 bis – 100 (stark logokognitiver Typ) oder + 40 bis + 100 (stark audiomatischer Typ), dann beachte bitte die Hinweise zum Lernen einer Sprache in dem Kasten auf Seite 124. So kannst du viel Zeit und Mühe sparen, wenn du in Übereinstimmung mit deinem Sprachen-Lerntyp deine Lerneinheiten gestaltest.

Leider werden in vielen Instituten, bei denen Schüler eine Fremdsprache lernen sollen, alle über den gleichen Kamm geschoren. So verzweifelt der logokognitive Typ daran, keine muttersprachliche Übersetzung eines Wortes zu erfahren und nur eine fremdsprachliche Beschreibung zu bekommen. Für den audiomatischen Typ ist dies jedoch ideal, denn er muss so viel wie möglich mit der normalen Struktur und dem Klang der Fremdsprache konfrontiert werden. Auch muss der logokognitive Typ die Grammatik der Sprache wirklich verstehen, genauso wie den genauen Aufbau eines Satzes oder Korrekturen, die man ihm sagt. Der audiomatische Typ verschwendet dagegen viel Zeit, wenn er sich allzu viel

123

Dein Weg zum richtigen Fremdsprachenlernen

	Logokognitiver Typ	Audiomatischer Typ
Beschreibung	bewusst Verständnis Logik	auditiv unbewusst Wiederholung automatisch
Vokabeln	gezielt lernen (mit Übersetzung) Wiederholung	in ganzen Sätzen lernen (ohne Übersetzung) häufiges Hören und Aussprechen
	Schlüsselwort-Methode	
	Loci-Methode	
Grammatik	Grammatik als Basis der Sprache verstehen	nur Grundregeln lernen; viele Beispiele akustisch wiederholen
Text	analysieren	oft hören und laut lesen
Korrektur	verstehen	sehr häufig nachsprechen

mit der Grammatik und dem Grund von Korrekturen beschäftigt. Häufiges Hören und Nachsprechen immer schwieriger werdender Sätze führt bei ihm zum raschen Lernen. Denn wer weiß schon in seiner Muttersprache, wann und warum der Akkusativ zu verwenden ist? Das hat man als Baby auch ganz automatisch gelernt!

Natürlich ziehen all jene einen großen Nutzen aus dem vorangegangenen Test, die ganz extrem auf der einen oder anderen Seite liegen. Die anderen »Misch«-Typen müssen nach wie vor alle

Möglichkeiten des Lernens ausschöpfen, um zum größtmöglichen Lernerfolg zu gelangen.

Übrigens funktionieren für beide Sprachen-Lerntypen die Schlüsselwort-Methode sowie die Loci-Methode zum Lernen von Vokabeln, sofern man Fantasie und gutes Visualisationsvermögen hat. So kann man auch einzelne Vokabeln mit der Übersetzung als kreative Mentalbilder auf Routenpunkten ablegen. Dies hat den immensen Vorteil, dass dadurch die Vokabeln nochmals im Gedächtnis verankert werden, man sie an jedem Ort einfach zwischendurch wiederholen und gezielt auf sie zurückgreifen kann. Natürlich braucht man hierfür schon eine Menge Routenpunkte, etwa 100 bis 200. Doch wenn diese alle »belegt« sind, kann man wieder von vorne anfangen und die Routenpunkte erneut belegen. Denn entweder ist das Memobild der ersten Vokabel dieses Routenpunktes bereits vergessen oder verblasst, weil sie bereits ins normale Langzeitgedächtnis gewandert ist, oder man sieht das erste Vokabel-Memobild noch, dann kann man daran eine weitere Vokabel anknüpfen und diese erste Vokabel dadurch sogar wiederholen!

Lernpsyche und Motivation

Es ist immer wieder erstaunlich: Fragt man Kinder vor dem Eintritt in die Schule und vielleicht noch in der ersten, zweiten oder dritten Klasse, dann sagen sie, dass sie sich auf die Schule freuen bzw. gerne zur Schule gehen. Später findet man selten Kinder, die ganz offen und ehrlich sagen, dass sie gerne lernen und die Schule nicht missen möchten.

Hier stellt sich natürlich die Frage, warum Babys und kleinere Kinder gerne und begierig Wissen aufnehmen, die Motivation dann später aber verlieren. Ist es wirklich die Schuld der Schule, oder kommen noch andere Aspekte hinzu? Meine Theorie dazu ist, dass kleine Kinder bis etwa zehn Jahre auf natürliche Weise gerne lernen, weil es ihrem durch die Evolution vorgegebenen biologischen Programm entspricht, nämlich für das Erreichen ihrer Überlebensfähigkeit zu lernen. Ein weiteres Lernen ist dann nicht mehr evolutionistisch begründet, denn ein Kind in diesem Alter wäre in der Wildnis bereits überlebensfähig. Intensives Lernen über diesen Zeitraum hinaus wird dann vornehmlich von der Kultur des Menschen bestimmt – deshalb gestaltet sich dieses Lernen mühsam.

Wie jedoch die Motivation zum Lernen und zum Erbringen von Leistungen bis zum Ende der Schulzeit und vielleicht sogar ein Leben lang aufrechterhalten wird und welche Möglichkeiten uns unsere Psyche zum Lernen gibt, aber auch welche Steine sie uns in den Weg legt, soll Thema dieses Kapitels sein.

»Streber«: Was heißt das eigentlich?

In diesem Abschnitt widmen wir uns einem ganz bedeutenden Thema, das vielleicht eine wichtige Ursache dafür ist, dass die deutschen Schüler so schlecht in der berühmt-berüchtigten PISA-Studie abgeschnitten haben, nämlich dem Begriff »Streber«. Es sind nicht viele Schüler, die als solche bezeichnet werden; aber es sind zahlreiche, die absichtlich schlecht und unmotiviert sind, aus der Angst heraus, so bezeichnet zu werden. Und es sind fast alle, die sich durch diese negative Grundhaltung zum Lernen beeinflussen lassen.

Um die Frage »Was ist ein Streber?« zu beantworten, solltest du dir ein paar Minuten Zeit nehmen und deine Gedanken in folgende Leerzeilen eintragen:

Was ist ein Streber?

_____

_____

_____

_____

Ich kenne deine Antwort natürlich nicht, aber ich hoffe, dass wir der eigentlichen Bedeutung des Wortes möglichst nahe kommen, wenn wir die Frage etwas anders formulieren: »Was ist der Unter-

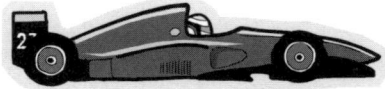 schied zwischen Michael Schumacher (dem erfolgreichsten Formel-1-Rennfahrer aller Zeiten) und einem Streber?« Versuche, auch hierzu deine Gedanken zu Papier zu bringen, und denke dabei daran, dass der Begriff »Streber« von »streben« kommt; und »streben« heißt im Grunde »sich energisch, zielbewusst, unbeirrt, mit aller Kraft bemühen, etwas Besonderes zu erreichen«!

Unterschied: Schumacher/Streber:

_____

_____

_____

_____

Die Auflösung: Meine Meinung ist: Es gibt kaum einen Unterschied! Wer den Begriff »Streber« mit »Einschmeichler«, »Arschkriecher«, »Petze« usw. verwechselt, missversteht den Ursprung des Wortes.

Michael Schumacher ist ein Streber! Denn er hat immer versucht, nach dem Höchsten – nach dem Sieg – zu streben. Dafür lernte und büffelte er mehr als andere. Nur in seinem Bereich nennt man es eben »üben« und »trainieren«. Und trainiert hat er sein Leben lang extrem intensiv, und zwar schon in frühester Jugend. Bereits mit etwa vier Jahren saß er in seinem ersten Kart und fuhr bald schon Rennen, und das fast jedes Wochenende. Wenn andere Kinder spielten, trainierte er hart mit seinem Vater. Er wollte einfach immer besser werden, das Fahrzeug perfekt beherrschen und immer als Erster ins Ziel kommen. Wenn das kein Streber ist!

In der Schule dagegen muss man kein Fahrzeug ins Ziel steuern. Die bestmögliche Note zu bekommen entspricht im Grunde einem Sieg. Deshalb sind jene, die danach streben, natürlich »Streber« – doch ist das keine Beleidigung, sondern vielmehr eine Auszeichnung!

Somit ist die beste Antwort auf die von den Mitschülern als Schimpfwort gemeinte Bezeichnung »Streber«: »Es ist nett von dir, dass du mich so nennst, vielen Dank!«

Diese Antwort erfordert zwar Selbstvertrauen sowie Mut und wird bei den anderen zu Beginn auf Verwunderung stoßen, aber eine solche Antwort zu geben fällt leichter, wenn man sich klarmacht, dass die meisten anderen ohnehin nur neidisch sind, weil sie nicht so gute Noten haben, sie aber im Grunde sehr gerne hätten.

Nun aber mein Tipp an die »normalen« oder »schlechten« Schüler, denn ihr alle könntet viel besser sein! Fast alle von euch haben ein Idol, also eine Person, die ihr bewundert und von der ihr fasziniert seid. Sei es nun beispielsweise Beckham oder Ronaldinho als Fußballer, Anastacia oder Robbie Williams als Sänger(in), Tom Cruise oder Julia Roberts als Schauspieler(in) oder Albert Ein-

> *Man verdirbt einen Jüngling am sichersten, wenn man ihn anleitet, den Gleichdenkenden höher zu achten als den Andersdenkenden.*
>
> Friedrich Nietzsche

129

stein oder Marie Curie als Wissenschaftler(in). Macht euch dann bitte ganz klar, dass diese Idole »Streber« sind. Warum? Ganz einfach, wenn er oder sie das nicht wäre, würdest du diese Person gar nicht kennen! Denn nur dadurch, dass man über lange Zeit und schon in jungen Jahren versucht hat, in seinem Bereich (oftmals ist dies der Beruf) das Beste zu geben und nach höchster Klasse zu streben, schafft man herausragende Leistung und wird manchmal sogar berühmt!

Versuche somit auch du immer, in dem, was du tust, dein Bestes zu geben und etwas Besonderes zu sein. Wenn dein Beruf im Moment »Schüler sein« ist, gib dein Bestes in der Schule, und sieh jede Aufgabe, jeden Test und jede Klausur als Chance an, einen persönlichen Sieg davonzutragen.

Ohne Fleiß kein Preis!

Diesen Spruch hast du wahrscheinlich schon oft gehört, und vielleicht nervt er dich auch schon. Doch Tatsache ist: Er ist wahr! Im Sport und in der Kunst wirst du keine Preise gewinnen, wenn du nicht fleißig trainiert oder geübt hast. Und auch in der Schule fallen die Preise – also hier die Einser – nicht vom Himmel. Man muss etwas dafür tun – in der Schule bei der Mitarbeit und zu Hause bei den Hausaufgaben. Es gibt wirklich kaum jemanden, der nur Einser bekommt und dafür nicht gelernt hat (auch wenn die meisten das nicht zugeben wollen!). Selbst ein Genie wie der vielleicht größte Physiker aller Zeiten, Albert Einstein, hat nahezu täglich viele, viele Stunden ganz intensiv über den Büchern gesessen, gelernt und nachgedacht – und dies oft auch bis spät in die

Nacht! Nur dadurch konnte er zu Gedanken und Ideen gelangen, die die Welt veränderten.

Vielleicht wirst du dich fragen: »Was bringt mir das eigentlich?« Die Antwort ist gar nicht so einfach. Außer vielleicht jene, die du wohl schon oft gehört hast: »Wenn du in der Schule gut bist, kannst du später studieren oder eine tolle Arbeit bekommen.«

Okay, aber es gibt noch eine ganz andere Antwort, die sehr schwer zu verstehen ist, wenn du etwas in deinem Leben noch nicht erfahren hast: das unglaublich gute Gefühl, »etwas verstanden zu haben und zu beherrschen«. Vielleicht magst du Computerspiele und verbringst, ganz fasziniert davon, viel Zeit damit. Ich bin sicher, deine Begeisterung kommt hauptsächlich von dem Empfinden, dass du das Spiel »verstanden hast und auf dem Level, wo du jetzt bist, beherrschst« – doch dafür musstest du schon einiges tun – richtig?

Ein ähnlich positives Erlebnis stellt sich auch beim Lernen in der Schule ein, wenn du dich intensiv mit dem Lernstoff beschäftigst und Einser bekommst. Dieses Gefühl hast du aber nicht bei einer Drei oder Vier; denn dabei weiß nicht nur der Lehrer, dass du vieles nicht verstanden hast, sondern auch dein eigenes Gehirn.

> *Ich stelle fest,*
> *je härter ich arbeite, desto mehr*
> *Glück scheine ich zu haben.*
> Thomas Jefferson

Im Gehirn passiert nämlich etwas ganz Wundersames: Nur wenn es überzeugt ist, etwas »wirklich verstanden« zu haben, schüttet es so genannte Glücksstoffe aus, die dir ein Hochgefühl geben.

131

Das unglaubliche »Lernkick«-Gefühl

Dieses einzigartige Glücksgefühl erlebe ich, wenn ich neue persönliche Rekorde im Gedächtnissport schaffe, aber natürlich insbesonders, wenn ich eine wichtige Gedächtnismeisterschaft gewinne oder gar einen neuen Weltrekord aufstelle. Aber ich hatte das wunderschöne Erlebnis, welches ich auch als »Lernkick-Gefühl« bezeichne, schon als Jugendlicher.

Während meiner ganzen Schulzeit lagen meine Noten so um zwei minus oder drei plus, und ich hatte Angst vor jeder Prüfung und jedem Zeugnis, weil es stets Streit und Ärger mit meinen Eltern gab. Doch dann beschloss ich, bedingt durch ein besonderes Ereignis, (damals war ich etwa 16 Jahre alt), in der Schule wirklich gut zu werden und alles zu geben, was in mir steckt. Also hörte ich in der Schule aufmerksam zu, meldete mich immer, wenn ich meinte, etwas zu wissen (vorher hatte ich mich oft nicht gemeldet, weil ich sehr schüchtern war und Angst hatte, etwas Falsches zu sagen und ausgelacht zu werden), und arbeitete nicht nur die aufgetragenen Hausarbeiten durch, sondern las zusätzlich weiterführende Bücher und bereitete mich in den verschiedenen Fächern intensiv auf die nächste Schulstunde vor. Meine Eltern konnten es kaum glauben, als sie ein halbes Jahr später mein Zeugnis mit einem Notendurchschnitt von 1,2 sahen! Doch diese Verwunderung und Bewunderung meiner Eltern war nur die Spitze vom Berg der Früchte, die ich von meinem fleißigen Lerneifer erntete.

Schon nach wenigen Wochen bekam ich dieses wunderbare Gefühl, die Dinge zu verstehen und nicht wie vorher mehr recht als schlecht nur eingepaukt zu haben. Außerdem wurde ich ab sofort von den Mitschülern beachtet und fand es schön, ihnen helfen zu können, wenn sie etwas nicht kapiert hatten. Auch die Lehrer waren verblüfft von meiner Entwicklung und immensen Verbesserung und schenkten mir nun mehr Aufmerksamkeit. Dies alles führte dazu, dass ich mich quasi wie ein Sieger fühlte und diesen Zustand auch nicht missen wollte – also lernte ich weiter. Und plötzlich passierten ganz eigenartige Dinge: Auf eine Frage vom Lehrer meldete ich mich, und er nahm mich nicht dran, um zu warten, bis andere auf die Antwort kamen. Oder sie sagten: »Gunther, du kannst deinen Arm runternehmen, ich weiß, dass du das weißt.« Oder ich wurde gefragt, nachdem alle sich an einer schwierigen Frage vergeblich versucht hatten. Oft sehr erhebend waren auch die Klausuren in meinem Lieblingsfach Chemie, die ich schon nach der Hälfte der Zeit abgab, die der Lehrer gleich korrigierte und mit der Note »1+« an mich zurückreichte, noch bevor die anderen Schüler fertig waren! Als der Biologielehrer mir für meine mündliche Beteiligung für das Jahreszeugnis die eigentlich nicht existierende Note »1++« gab, mit der Begründung, ich hätte oft mehr gewusst als er selbst, erlebte ich ein weiteres Hochgefühl.

Warum erzähle ich das alles? Ganz einfach: Durch eine simple Änderung meiner Einstellung zur Schule und mehr freiwilliges Lernen wurde für mich aus der verhassten Schule ein ganz leichtes, angenehmes und manchmal auch insgeheim ganz spaßiges Spiel. Denn (unter uns) gelegentlich hatte ich mich auch dann gemeldet, wenn ich die Antwort eigentlich gar nicht wusste, der Lehrer nahm mich ja sowieso kaum noch dran.

Also hier meine Bitte an dich: Hänge dich mal so richtig in die Hausaufgaben und den Lernstoff rein, und versuche, es deinen Eltern, den Lehrern und auch dir selber zu zeigen, was in dir steckt! Ich bin sicher: **Du bist ein Sieger!**

Die Eigenschaften eines »Siegertyps«

Bevor du weiterliest, überlege einmal, welche Persönlichkeitseigenschaften wohl einen »Siegertyp« auszeichnen. Welche wichtigen Eigenschaften sind bei einer Person erforderlich, um in der Schule, im Sport, im Beruf oder wo auch immer auf Dauer zu den Besten zu gehören?

Notwendige Eigenschaften eines Siegertyps:

_____

_____

_____

Nun, welche Ideen hast du aufgeschrieben? Meiner Meinung nach sind es nicht so sehr angeborene Eigenschaften oder Begabungen wie Talent, Intelligenz, physische Stärke, Aussehen etc., sondern eher folgende:

Leistungsmotivation

Arbeitsbereitschaft

Selbstdisziplin

Frustrationstoleranz

Beharrlichkeit/Durchhaltevermögen

Schauen wir uns diese einzelnen Begriffe genauer an:

Leistungsmotivation

Du solltest Spaß an der Leistung haben, so dass dich die Leistung selbst motiviert. Im Sport ist es das gute Gefühl, seine Schnelligkeit oder seine Kraft zu fühlen und damit gute Ergebnisse zu erbringen. In nichtkörperlichen Bereichen ist es der Genuss an geistiger oder künstlerischer Leistung und damit der Ehrgeiz, etwas Besonderes zu schaffen. Du wirst nie einen »Siegertyp« finden, dem es schnurzegal ist, ob er gewinnt oder verliert! In wissenschaftlichen Bereichen – wie bei Einstein und der Physik – ist ein wichtiger Teil der Leistungsmotivation die Neugier.

> *Ich habe keine besondere Begabung, sondern bin nur leidenschaftlich neugierig.*
> Albert Einstein

Arbeitsbereitschaft

Du solltest bereit sein, für einen Sieg (gute Noten) zu arbeiten, zu trainieren, zu üben bzw. zu lernen. Hierzu zählen die tiefe Einsicht, dass die Arbeit an sich selbst unabdingbar erforderlich ist, um erfolgreich zu sein sowie der Wille und die innere Kraft, diese »Arbeit« regelmäßig durchzuführen.

Selbstdisziplin

Du solltest selbst die Energie aufbringen, auch dann das zu tun, von dem du glaubst, dass es dich voranbringt, wenn du keine Lust hast. Sicherlich sind gute Lehrer und gute Trainer wichtig, um Erfolg zu haben; doch wenn du nur etwas tust, wenn andere dich antreiben oder kontrollieren, ist das in der Regel zu wenig.

Hier fällt mir eine Begebenheit ein, die ich als 19-Jähriger beim Fußballtraining erlebte. Der Trainer trug uns auf, einen Dauerlauf durch den kleinen Wald zu machen. Wir liefen schnell los, doch als wir außer Sichtweite des Trainers waren, verringerten die meisten das Tempo oder gingen sogar nur noch. Sie waren der Meinung: Jetzt, wo uns der Trainer nicht mehr sieht, brauchen wir uns nicht mehr anzustrengen. Nur einer sagte energisch: »Ihr seid doch blöd; ihr trainiert nicht für den Trainer, sondern für euch. Ihr wollt doch das nächste Spiel gewinnen – oder?« Also liefen wir wieder – und gewannen auch das nächste Spiel!

Frustrationstoleranz

Du wirst auf dem Weg »nach oben« immer wieder Rückschläge erleben, die dich empfindlich treffen und demotivieren können. Ein Siegertyp lässt sich aber nicht unterkriegen, sondern steckt Niederlagen weg und sieht sie gar als kostbare Chance zur Verbesserung an.

Beharrlichkeit/Durchhaltevermögen

Du solltest deinen erfolgreichen Weg beharrlich fortsetzen. Viele geben aus verschiedenen Gründen nach recht kurzer Zeit auf. Entweder sind sie mit dem zufrieden, was sie bereits erreicht haben (obgleich sie noch viel mehr erreichen könnten). Oder sie meinen,

»Es ist schwer, eine Person zu schlagen, die niemals aufgibt!« *(Babe Ruth)*

Es war eine typische Frustrationssituation für David – damals auf der Deutschen Jugend-Gedächtnismeisterschaft 2000. Im Vorjahr hatte er schon extrem knapp gegen seine stärkste Konkurrentin verloren, und nun gingen die ersten Disziplinen total schief, so dass er hoffnungslos zurücklag. In der Mittagspause sah ich meinen Schützling total deprimiert mit hängendem Kopf. Ich redete eingehend mit ihm und konnte ihn durch den berühmten Spruch der großen Baseball-Legende Babe Ruth überzeugen. David versprach, sich nicht von den bisherigen Misserfolgen unterkriegen zu lassen und weiterzukämpfen.

Und dann hielt er auf unglaubliche Weise sein Versprechen: Er gewann alle noch ausstehenden Disziplinen mit großem Vorsprung, wobei er sogar zwei neue Weltrekorde aufstellte! Schließlich reichte es dann tatsächlich zum Gesamtsieg: David wurde Deutscher Junioren-Gedächtnismeister 2000!!

sie könnten sich nicht weiter verbessern. Oder sie verlieren die Lust und sind gelangweilt. Solche Phasen durchlebt man in jedem Bereich des Weges zur Höchstleistung; und nur die Siegertypen meistern diese Phasen und halten durch.

In Japan gibt es einen Begriff, der viele von den beschriebenen Merkmalen und die »Philosophie« des beständigen Arbeitens an sich selbst mit dem Ziel der eigenen Entwicklung gut beschreibt:

KAIZEN (»Versuche, dich täglich zu verbessern!«)

Finde Siegertypen!

Damit du die genannten Begriffe, die recht abstrakt sind, besser verstehst, überlege nun, wer von deinen Freunden oder welche Person aus deinem Bekanntenkreis oder familiären Umfeld deiner Meinung nach ein Siegertyp ist. Und mache dir Gedanken, welche von den Siegertyp-Merkmalen die einzelnen von dir gewählten Personen ganz besonders aufweisen.

Welche Siegertypen kennst du?

Mach dir dann bitte über dich selbst Gedanken. Hast du Merkmale eines Siegertyps? Welche sind besonders ausgeprägt? Welche fehlen dir? Welche möchtest du weiter verbessern?

Du und deine Siegertyp-Eigenschaften:

Ziele setzen, aber richtig

Ein ganz wichtiger Aspekt wurde allerdings noch nicht angesprochen. Egal, was du erreichen möchtest:

Du musst dir Ziele setzen!

Die Bedeutung der Ziele kann man auch durch zwei Analogien veranschaulichen. Versuche einmal, die fehlenden Begriffe einzusetzen (solche Analogien sind auch aus IQ-Tests bekannt). Vorab ein Beispiel:

Fisch : Wasser = Vogel : ?

Der Begriff »Fisch« verhält sich also zu »Wasser«, das sein Lebensraum ist, wie »Vogel« zu »Luft«, die der Lebensraum des Vogels ist.

Auto : Motor = Mensch : ?

Motor : Benzin = Motivation : ?

Beim Auto ist der Motor der Antrieb. Was ist der Antrieb beim Menschen? Auch wenn eventuell Antworten wie Herz, Gehirn oder Muskeln möglich wären, denke ich, dass hier der Begriff »Motivation« sehr passend ist, denn nur wenn der Mensch Motivation besitzt, tut er etwas von sich aus und arbeitet (übrigens leitet sich Motivation vom lateinischen Wort *motus* = Bewegung ab).

Die zweite Aufgabe ist ein weniger schwieriger, weil sie noch abstrakter ist. Der Motor benötigt den Treibstoff Benzin, um zu arbeiten und zu funktionieren. Wie verhält es sich bei der Motivation, was bringt sie eigentlich zum Laufen? Meiner Meinung nach sind es die Ziele, die man sich selber gesteckt hat, diese stellen quasi den Treibstoff für die Motivation dar.

139

Telefonieren, ein etwas frecher Motivationstrick

Vor Jahren gab ich einer Gruppe von achtjährigen Mädchen Gedächtnistraining. Eine von ihnen wurde später mit zwölf Jahren
Kinder-Gedächtnisweltmeisterin – siehe Interview auf Seite 197ff.
Nachdem sie innerhalb von Stunden gelernt hatten, sich eine 30 bis
40-stellige Zahl fehlerfrei einzuprägen, verbesserten sie sich kaum
noch – die Motivation war offensichtlich weg. Also ließ ich mir etwas einfallen: Sie durften nach dem Test die Zahlen auf meinem Te-
lefon wählen, welche über ihrem eigenen Rekord lagen. Das war ein
spannender Anreiz – wer würde sich melden, und wie würde die
Person auf unsere Erklärung zum Grund des Anrufes reagieren?
Und es funktionierte: Alle Mädchen durften telefonieren!
Übrigens geschah dann noch etwas ganz Witziges: Per Zufall hatten
wir einmal eine sehr nette Kinderbuchautorin an der Strippe, die so
von unserem Gedächtnistraining begeistert war, dass sie uns einige
ihrer »Meditationsbücher für Kinder« schickte!

Ziele stellen somit das wichtigste Moment bei der Entstehung von
Motivation dar – allerdings sollten folgende wichtige Faktoren
beim »Zielesetzen« beachtet werden:

1. Größe (Ausmaß)

Die Ziele müssen ein angemessenes Ausmaß haben. Sie dürfen
nicht zu niedrig sein, sonst wird man für ihr Erreichen nicht aktiv
werden, da man leicht versucht ist zu meinen, sie auch »einfach
so« erreichen zu können. Zum anderen dürfen sie nicht zu hoch

gesteckt werden, damit sie nicht abschreckend wirken und das sehr wahrscheinliche Nicht-Erreichen Furcht einflößt.

Übrigens hat sich durch Untersuchungen herausgestellt, dass häufiger Höchstleistungen erreicht werden, wenn man sich leicht überschätzt. Ein gesundes Maß an Selbstvertrauen ist also hier durchaus hilfreich!

Ein Beispiel: Wenn du in den letzten drei Jahren in Physik im Abschlusszeugnis immer eine vier minus hattest, ist ein Ziel von vier für das kommende Jahr sicherlich zu gering, ein Ziel von Eins jedoch höchstwahrscheinlich unrealistisch hoch.

2. Zeit

*Ein Leben ohne Ziele
ist wie ein Bogen ohne Pfeile.*
Gunther Karsten

Sie darf nicht zu kurz angesetzt werden, da ausgeprägte Entwicklungen in wenig Zeit in der Regel nicht stabil zu erreichen sind. Allzu weit in die Zukunft verlegte Ziele sind ebenfalls nur wenig hilfreich, da sie nicht in ausreichendem Maße aktivieren, sondern uns aufgrund der noch vorhandenen Zeitspanne bis zum Ablauf eher passiv werden lassen.

Am besten setzt man sich eine zeitliche Kaskade von Zielen: Kurzfristig, mittelfristig und langfristig.

Hierzu einige Beispiele: Diese Woche im Englisch-Vokabeltest möchte ich eine Zwei bekommen (kurzfristiges Ziel). In der Abschlussklausur in Mathe nächsten Monat strebe ich eine Zwei plus an (mittelfristig). Im Jahresabschlusszeugnis möchte ich in Geschichte um eine ganze Note besser sein als vergangenes Jahr (langfristiges Ziel).

3. Eindeutigkeit

Ziele dürfen nicht vage formuliert werden, sondern müssen bezüglich der Formulierung ganz konkret sein, so dass das Erreichen (oder Nicht-Erreichen) eindeutig ist. Also nicht: »Ich möchte in Mathe sehr viel besser werden«, sondern: »In Mathe möchte ich im nächsten Jahreszeugnis keine Vier, sondern mindestens eine Zwei haben«.

4. Verbindlichkeit

Ziele verkörpern nicht einfach nur Ideen oder Wünsche. Vielmehr sollen sie verbindlich gelten. Am besten formuliert man sie aus und bringt sie schriftlich zu Papier. Um ihnen zusätzliche Bedeutung beizumessen, kann man sie an einen wichtigen Ort legen, wie in eine Schatzkammer für wichtige Briefe, in die Bibel oder in ein Geheimversteck, denn dieses Dokument solltest du auch nicht verlieren. Andererseits kannst du auch eine Kurzfassung davon gut sichtbar aufhängen, so dass du häufig an deine Ziele erinnert wirst. Eine weitere Maßnahme, welche die Verbindlichkeit erhöht, ist, einer dir nahestehenden Person von deinen Zielen zu erzählen, denn dadurch nehmen sie deutlichere und kräftigere Gestalt an! Diese Person und deren Meinung über dich soll dir wichtig sein. Außerdem sollte diese »eingeweihte« Person nach Möglichkeit auch deine Zielsetzung gutheißen, so dass sie dich, falls nötig, von Zeit zu Zeit daran erinnern und darin bestärken kann.

5. Konsequenz

Mit dem Erreichen/Nicht-Erreichen muss sich eine Konsequenz verbinden. Entweder eine positive Konsequenz, also eine Belohnung, oder eine negative Konsequenz, also eine Bestrafung. Eine solche Konsequenz wäre also schon bei der Formulierung des Ziels zu überlegen. Natürlich sollte immer versucht werden, intrinsische (von innen kommende) Konsequenzen in einer Person zu entwickeln. Hiermit ist gemeint, ein enorm positives Empfinden zu verspüren, wenn man das Ziel als solches erreicht hat (Wow, ich habe es geschafft!); oder entsprechend ein starkes inneres negatives Gefühl, wenn man versagt hat. Wenn dieser intrinsische Motivationsschub nicht ausreicht, können extrinsische (von außen kommende) Konsequenzen ebenfalls wirken. Positive Konsequenz: Geld, Kinobesuch, Lusteinkauf, Schokolade; negative Konsequenz: Putzarbeiten, Ausgangssperre etc.

Sobald man sich unter Berücksichtigung dieser Faktoren Ziele gesetzt hat, sollte man nach Wegen sinnen, sie in die Tat umzusetzen! Außerdem lohnt es sich, das Erreichen des Ziels zu **visualisieren** – dadurch versucht der Geist, den Unterschied zwischen dem Ist-Zustand und dem Soll-Zustand möglichst schnell auszugleichen.

Das Erreichen von Zielen bringt jedem Menschen Freude, die dann auf das Tätigkeitsfeld ausstrahlt und den Bereich faszinierender und spannender gestaltet. Diese Empfindungen machen in der Folge wieder Lust auf mehr. Man möchte neue Ziele erreichen!

Dieses Prinzip gilt für jeden Bereich im Leben. Man muss nur die Kunst des »Zielesetzens« erlernen!

Bestimme dein erstes Schulziel!

Jetzt bist du dran! Bestimme jetzt selbst ein Ziel, welches du dir für die Schule als Erstes vornehmen möchtest, und beachte dabei die beschriebenen fünf Faktoren. Also noch einmal:

1. Setze das Ziel realistisch hoch.
2. Bestimme einen vernünftigen Zeitraum, in welchem du es auch wirklich erreichen kannst.
3. Formuliere es ganz präzise, so dass du am Ende des von dir festgesetzten Zeitraums auch wirklich sagen kannst:
   Ja, super, ich habe es geschafft!
4. Bringe deine Zielbeschreibung möglichst klar zu Papier, und überlege, welchem Menschen du von deinem Vorhaben berichten wirst.
5. Ganz wichtig: Lege die Konsequenzen fest. Was passiert, wenn du dein Schulziel schaffst bzw. wenn du es nicht schaffst? Bei negativen Konsequenzen gilt: Je unangenehmer sie sind, desto mehr werden sie dich dazu motivieren, dein Ziel zu erreichen. Ein Beispiel dazu kannst du in der Story-Box nachlesen.

Natürlich geben auch positive Konsequenzen einen Ansporn. Zum Beispiel eine kleine leckere Belohnung, wie eine Tafel Schokolade (so habe ich früher Lateinvokabeln gelernt) oder etwas Größeres, was du dir sehr wünschst. Und hier gibt es noch eine Möglichkeit: Falls du dir selber diesen großen Wunsch nicht erfüllen kannst, zum Beispiel aus Geldmangel, so begeistere andere von deinem Ziel! Schon zwei Jahre vor meinem Abitur habe ich meinen Eltern mein höchst ehrgeiziges Ziel für meine Abitur-Durchschnittsnote erzählt. Sie hielten es zwar für völlig unmöglich, waren aber doch davon so begeistert, dass sie mir im Falle des Erreichens eine Reise nach Amerika versprachen. Was glaubt ihr, wer dann gut zwei Jahre später im Flieger nach New York saß?

Mein erstes Schulziel:

_____

_____

_____

_____

_____

Natürlich solltest du mehrere Ziele für die Schule festlegen, so dass du dich ganz allgemein in der Schule (oder wo sonst du gerade lernen musst) verbesserst und dann durch den Erfolg immer mehr Spaß am Lernen hast.

Generell ist das Setzen von Zielen für dein ganzes Leben wichtig. Nur so wirst du ein erfolgreiches und erfülltes Leben führen, etwas Besonderes für dich und andere erreichen und vielleicht selber ein Idol für andere sein. Lege also auch Ziele fest in anderen Dingen, die für dich wichtig sind: Eine sportlichere Figur bekommen? Einen tollen Freundeskreis finden? In deinem Hobby eine Meisterschaft gewinnen? Deine Eltern einmal richtig überraschen? Oder etwas für andere zu tun, denen es schlechter geht als dir?

Fürchterliche Peinlichkeit als Motivationsschub

Mit einigen Kindern trainierte ich regelmäßig für die Deutsche Jugend-Gedächtnismeisterschaft. Alle wollten natürlich teilnehmen, Rekorde aufstellen oder gar gewinnen. Tolle Ziele, doch die Trainingsmotivation und die Testergebnisse sprachen eine ganz andere Sprache. Also setzten wir gemeinsam für jeden ein Hauptziel fest: die zu erreichende Gesamtpunktzahl in allen zehn Gedächtnisdisziplinen auf der Meisterschaft. Schön und gut, doch was passiert, wenn man es nicht schafft? Für jeden fanden wir dann eine Lösung. Zum Beispiel hatte ich ein Mädchen im Kurs, welches zwar nett, klug und intelligent war, aber leider äußerst schüchtern, so dass sie sich in der Schule eigentlich nie meldete. Da sie gern las, hatte ich folgende Idee: Wenn sie ihr gesetztes Ziel nicht erreichen würde, würden wir alle gemeinsam in ein großes Kaufhaus gehen, und sie müsste dort vor allen Leuten ganz laut eine ganze Buchseite vorlesen! Schon die Vorstellung allein war für sie eine Qual – »Das wäre ja einfach entsetzlich peinlich!!!« Aber es funktionierte: Sie lag bei der Deutschen Meisterschaft viele hundert Punkte über ihrem Ziel!

Mit meiner Frau absolviere ich jedes Jahr zu Silvester ein spannendes Ritual. Beim schönen Abendessen legen wir jeder für das nächste Jahr genau 20 Ziele fest, die wir in den nächsten 365 Tagen erreichen wollen. Gleichzeitig schauen wir uns die 20 Ziele des gerade vergangenen Jahres an und beurteilen, welche wir geschafft, fast geschafft oder nicht geschafft haben.

Ja natürlich, man kann nicht immer alle Ziele erreichen! Aber wenn man mindestens die Hälfte schafft, hat man sicherlich unglaublich viel mehr erreicht, als wenn man sich gar keine Ziele gesetzt hätte!

Übrigens könntest du dieses Buch nicht lesen, wenn es nicht einmal eins von diesen 20 Zielen gewesen wäre!

Verbessern, aber richtig!

Unabhängig davon, in welchem Bereich man sich verbessern möchte, ist eines ganz wesentlich: Man muss verstehen, was man eigentlich tun muss, um wirklich besser zu werden. Der erste Schritt dazu setzt an der Analyse der zu verbessernden Fertigkeit an, denn hier gibt es zwei grundsätzlich unterschiedliche Fertigkeitsstrukturen.

Säulenblock-Fertigkeiten

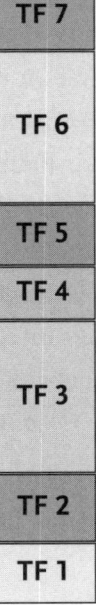

Die erste Fertigkeitsstruktur bezeichne ich als Säulenblock-Fertigkeit, da sich hier die Gesamtleistung aus vielen kleinen Teilfertigkeiten zusammensetzt. Die Teilfertigkeiten addieren sich wie aufeinandergestellte Säulenblöcke zu einer letztendlichen Gesamtleistung auf. Verbessert man sich bei einigen der Teilfertigkeiten, so nimmt auch das Ausmaß der Gesamtleistung zu.

Die Teilfertigkeiten (TF 1 bis 7) ergeben säulenblockartig die Gesamtleistung.

147

Kettenglied-Fertigkeiten

Im Gegensatz zu den Säulenblock-Fertigkeiten stehen die Kettenglied-Fertigkeiten. Auch hier wird die Gesamtleistung durch die einzelnen Teilfertigkeiten, also die Kettenglieder, bestimmt, jedoch sind die Teilfertigkeiten voneinander unmittelbar abhängig und nicht addierbar. Hier gilt: *Eine Kette ist nur so stark wie ihr schwächstes Glied!* Das heißt: Verbessert man sich in einer Teilfertigkeit, in der man ohnehin schon gut ist, so hat das kaum einen Einfluss auf die Gesamtfertigkeit. Diese verbessert man nur, wenn man an der schwächsten Teilfertigkeit arbeitet.

Die schwächste Teilfertigkeit (TF4) limitiert die Gesamtleistung

Wenn du zum Beispiel deine Gesamtnote für das Fußballspielen aufpäppeln möchtest, so ist das sicherlich problemlos durch bessere Ballbeherrschung, größere Schnelligkeit, weitere Entwicklung deiner Dribbelkünste oder den Ausbau der physischen Kondition möglich. Möchtest du dagegen im Fach Chemie, wenn es um das Semesterthema »Reaktionsgleichungen« geht, besser werden, dann nützt es kaum etwas, alle Elemente des Periodensystems oder deren Eigenschaften zu lernen, wenn du nicht den Begriff »Oxidationszahl« verstanden hast.

Die fünf Säulen zum Erfolg

Als die Eigenschaften eines Siegertyps gesucht werden mussten, haben wir uns auf die intrinsischen (inneren) Voraussetzungen konzentriert, um erfolgreich zu sein.

Es gibt jedoch auch extrinsische Voraussetzungen, also von den Charakterzügen unabhängige Faktoren, um in einem Bereich zu Höchstleistungen zu gelangen.

Prof. Anders Ericsson aus Florida (USA), einer der führenden Expertenforscher, hat sich mit der Frage beschäftigt, wie Menschen in ihrem Fachbereich, ob nun als Pianist, Manager, Gedächtniskünstler, Sportler, Schachspieler oder Programmierer, zu

Vernachlässige nicht die Gabe, die in dir ist ...
1. Brief an Timotheus, 4/14

absoluten Experten wurden. Die Schlussfolgerung seiner jahrzehntelangen Forschungen ist genauso einfach wie erstaunlich: Talent ist nahezu unbedeutend, vielmehr müssen fünf Faktoren beachtet werden, damit ein Mensch zu Höchstleistungen gelangt.

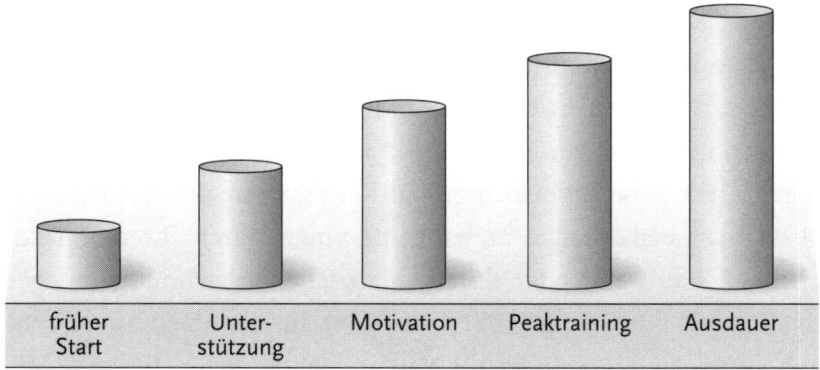

| früher Start | Unter-stützung | Motivation | Peaktraining | Ausdauer |

Die fünf wichtigen Faktoren zum Erreichen von Höchstleistungen

1. Früher Start

Gerade kleine Kinder sind enorm entwicklungsfähig. Durch die frühe Beschäftigung mit einem speziellen Bereich werden körperliche und/oder geistige Strukturen geschaffen, die in diesem Maße später kaum mehr ausgebildet werden können. Dies gilt für einige Bereiche ganz besonders, wie Gymnastik, Sprache, Musikverständnis etc. So zeigte der große japanische Geigenlehrer Shinichi Suzuki, dass er im Grunde aus jedem normalen Kind ein musikalisches »Wunderkind« machen konnte, wenn es nur frühzeitig nach seinen Talenterziehungsmethoden an das Instrument herangeführt wurde.

Im Übrigen übt das Erlernen einer zweiten Sprache oder das Spielen eines Musikinstruments auch einen positiven Effekt auf die allgemeine Intelligenzentwicklung aus, wie viele Untersuchungen gezeigt haben.

2. Unterstützung

Fast alle von Prof. Ericsson untersuchten Experten wurden von anderen Personen in einer überdurchschnittlichen Weise unterstützt – meistens von Eltern. Denn für Höchstleistungen müssen nicht nur eigene Entbehrungen in Kauf genommen werden, sondern man bedarf auch anderer, die einen durch ihren Einsatz, ihren Zeitaufwand oder durch finanzielle Aufwendungen regelmäßig und über einen großen Zeitraum unterstützen. In den ersten Jahren sind es zumeist die Mutter oder der Vater, die keine Mühe scheuen, ihr Kind zwei- bis dreimal die Woche zum Klavierunterricht zu fahren, an den anderen Wochentagen vielleicht zum Schwimmunterricht und an den Wochenenden zu Musikveranstaltungen oder Tennisturnieren. Auf sich gestellt und ohne diese Unterstützung würden die meisten Kinder aus dem Mittelmaß kaum herauskommen.

3. Motivation

Motivation ist einerseits ein intrinsischer Persönlichkeitsfaktor, kann aber auch als ein von außen wirkender Faktor verstanden werden. Das Individuum benötigt zeitlich und mengenmäßig angemessen gesetzte Motivationsanreize von Eltern, Lehrern, Trainern oder Freunden, um sich weiterzuentwickeln. Diese von außen kommenden Motivationsanreize für ein Kind können ungeplant und spontan sein wie ein glückliches Lächeln auf dem Gesicht der Eltern, eine Umarmung oder der motivierende Satz: »Prima gemacht – weiter so!« Darüber hinaus gibt es die Möglichkeit der gezielt gesetzten Anreize wie Geld, Geschenke, Reisen etc. Stets sollte man jedoch auf die innere Motivation des Kindes das Hauptgewicht setzen – denn ohne diese wird jede Tätigkeit leicht zu Zwang und Qual!

Übrigens hat sich durch Tierexperimente, aber auch durch Untersuchungen am Menschen gezeigt, dass Belohnungen für den Lernerfolg in der Regel förderlicher sind als Bestrafungen. Außerdem sind unerwartete Belohnungen besser als versprochene Belohnungen, da versprochene Belohnungen die intrinsische Motivation kaum ausbilden und somit häufig langfristig sogar kontraproduktiv sind. Wenn Eltern ihr Kind mit Belohnungen zu besseren

Leistungen antreiben möchten, sind deshalb einerseits unerwartete und andererseits immer wieder unterschiedliche Belohnungen am besten.

4. PEAK-Training

Jeder Experte hat intensiv an sich gearbeitet und ein Training durchgemacht, das ganz bestimmte Faktoren aufweisen musste, damit die spezifische Fähigkeit herausragend entwickelt werden konnte.

Aspekte eines solchen Trainings, für welche ich das treffende Akronym »PEAK« fand, sind folgende (Beispiele aus dem schulischen Bereich erläutern die einzelnen Faktoren):

P = Das P steht für »*print*«, was im Englischen = drucken bedeutet. Lege deine erreichten Leistungswerte stets schriftlich nieder! Nur dadurch kannst du quasi auch schwarz auf weiß deine Verbesserung eindeutig bestätigen – und genau dies wird dir Kraft und Stärke gerade in jenen Zeiten geben, in denen es vielleicht einmal nicht so gut läuft.

E = Effektives/Effizientes Training: Nicht jedes Training ist sinnvoll und bringt etwas. Ein wichtiges Stichwort ist »Training am Limit«. Damit meine ich einerseits, dass man in der Regel ganz in der Nähe seiner maximalen Leistungsfähigkeit trainieren sollte, andererseits sich jedoch auch jenen Teilbereichen zuwenden muss, die einem nicht so viel Spaß bringen und in denen man nicht so gut ist.

A = Analyse: Hiermit ist die Analyse der eigenen Entwicklung und der Schwächen und Fehler gemeint. Stets ist es von Bedeutung – insbesondere wenn man vermutet, dass man die gesetzten Ziele nicht erreichen wird –, nach den Ursachen und Gründen dafür zu suchen und sein Training auf Mängel hin zu analysieren. Beispielsweise macht es zur Verbesserung der Englisch-Note eher Sinn, seine mangelhafte Grammatik zu verbessern, als seine Vokabelnote von Eins minus weiter verbessern zu wollen.

K = Kreative Trainingsverbesserungen: Kreativität spielt auch beim Training und beim Üben ein wesentliche Rolle. Wie wir noch sehen werden, kann man Höchstleistungen nur erreichen, wenn man sich über lange Zeit hinweg mit einer Sache intensiv beschäftigt. Doch allzu leicht entsteht mit der Zeit Routine, Trott, Langeweile und Unlust, die einen über kurz oder lang abbrechen lassen. Deshalb muss man mit Kreativität permanent neue motivierende Trainingsmethoden entwickeln, immer wieder nach fantasievollen Möglichkeiten zur Verbesserung Ausschau halten und originelle Wege finden, um die Beschäftigung gerade mit schwierigen, mühsamen Teilbereichen des Gebietes für sich selber erbaulicher zu machen.

> *Nur beständiges Üben trennt das Gewöhnliche vom Außergewöhnlichen.*
> Unbekannt

5. Ausdauer

Ein ganz wesentlicher Faktor ist schließlich die Beschäftigung mit einem Gebiet über einen langen Zeitraum. Diese langwierige intensive Beschäftigung ist ganz entscheidend, um Geist und Körper die notwendige Zeit zu geben, sich für Höchstleistungen umzustellen und aufzubauen. Prof. Ericsson stellte hierbei die »10-Jahres-Regel« auf: Fast in jedem Bereich (mit Ausnahme von neuen Entwicklungsrichtungen, mit denen sich nur eine kleine Anzahl von Menschen beschäftigt) benötigt ein Individuum mindestens zehn Jahre, um zum Experten zu werden.

Wenn immer du etwas über den Werdegang von berühmten Persönlichkeiten erfährst, versuche, nach diesen fünf Faktoren Ausschau zu halten. Ohne Ausnahme wirst du sie immer wieder in extremer Ausprägung antreffen. Hier sei nur eine kleine Auflistung von »Superstars« mit einigen ihrer zur Höchstleistung führenden Erfolgsfaktoren angegeben:

Only through focus can you do world-class things, no matter how capable you are.
Bill Gates

Steffi Graf (früher Start), Michael Jackson (früher Start, PEAK-Training), Mozart (früher Start, Unterstützung, PEAK-Training), Michael Schumacher (früher Start), Einstein (Ausdauer), Pavarotti (PEAK-Training, Ausdauer), Maradona (Motivation) etc.

Mache dir bitte klar, dass alle diese großen Berühmtheiten als Babys voneinander kaum zu unterscheiden und gänzlich normal waren! Letztendlich liegt es also an dir selbst, was du aus dir machst, welche Leistungen du erbringen möchtest und wie du dein Leben gestalten willst. Auf keinen Fall musst du und solltest du dich mit schlechten oder mittelmäßigen Resultaten oder Fähigkeiten abfinden.

Auch du kannst Unglaubliches leisten!

Fit im Kopf!

Visualisationsreise (Magic Elephant)

In meinen Seminaren und Kursen führe ich häufig eine so genannte »Visualisationsreise« durch, bei der sich die Teilnehmer mit geschlossenen Augen das vorstellen, was ich ihnen mit ruhigen Worten und Meditationsmusik im Hintergrund sage. Da die kleine Reise hauptsächlich von einem Elefanten handelt, nenne ich sie auch »Magic Elephant«. Der Hauptzweck dieser Visualisationsreise ist, die eigenen Sinne intensiv wahrzunehmen und ganz deutlich zu erfahren, wie stark imaginäre Sinneseindrücke sein können. Da dies jedoch recht schlecht funktioniert, wenn man die Geschichte liest, habe ich sie hier nicht aufgeschrieben. Außerdem hast du allein die Möglichkeit, dich auf deine eigene Visualisationsreise zu begeben, indem du die Augen schließt und dir irgendeine Geschichte im Geiste vorstellst, bei der du etwas siehst, es dann im Geiste klein und wieder groß machst, den Duft von Essen oder einer Blume riechst, deine Hand über eine besondere Oberfläche streichst oder du eine Stimme oder einen markanten Klang versuchst, in deinem inneren Ohr wahrzunehmen. Oder male im Geiste einen Gegenstand so an, wie du ihn noch nie gesehen hast. Auch das kann sich unser Geist auf fantastische Weise vorstellen!

Man kann viel aus dieser Übung lernen, wenn man seine »starken« und seine »schwachen« Sinne dabei erkennt. Wenn du zum Beispiel in deiner Visualisationsreise die Bilder klar siehst, aber kaum durch die Vorstellung einen Geräuscheindruck hervorrufen kannst, dann sollten auch deine Merkbilder und Mentalgeschichten nach Möglichkeit eher visuell als auditiv sein.

Allerdings kannst du dein Vorstellungsvermögen durch Training bezüglich aller Sinne verbessern, so dass du nach den hier dargestellten Methoden leichter und schneller lernen kannst.

Übrigens gibt es noch einen zusätzlichen Nutzen bei dieser Übung: Da man sich nämlich auf seine Geschichte konzentriert, gezielt Sinneswahrnehmungen im Geiste produziert und sich dabei dennoch durch Hilfe von Meditationsmusik entspannt, ist es eine sehr schöne meditative Konzentrationsübung, die ich auch **Memo-Meditation** nenne.

Aufmerksamkeit

Diese Aufgabe soll dir klarmachen, wie bedeutsam (und auch zeitsparend) es sein kann, vor dem Lernen oder der Bearbeitung eines Lernstoffes einen Überblick zu gewinnen. Einige könnten einen ähnlichen Test bereits kennen. In der nachfolgenden Anweisung ist allerdings deutlich gemacht, dass trotzdem jeder diesen Test aufmerksam mitmachen sollte.

Wichtige Anweisung: Konzentriere dich vollständig auf den Text, ohne dich durch irgendetwas (wie Geräusche, Bewegungen etc.) im Umfeld ablenken zu lassen. Arbeite so schnell wie möglich die Anweisungen durch. Stoppe deine Zeit! Versuche, unter fünf Minuten zu bleiben!

Nochmals: Auch wer einen solchen Test schon einmal gemacht hat, sollte die Anleitungen voller Konzentration befolgen!

START !!!

Aufmerksamkeitstest

1 Lies alles, bevor du etwas machst.

2 Schreibe den Monat (als ausgeschriebenes Wort) und das Jahr des heutigen Datums in die linke obere Ecke dieser Seite.

3 Schreibe deinen Vornamen deutlich in die rechte obere Ecke dieser Seite.

4 Unterstreiche deinen Vornamen mit einem dicken Strich.

5 Hake ab jetzt jede Anweisung ab, wenn du sie erledigt hast.

6 Zeichne sechs kleine Quadrate unter das aufgeschriebene Datum.

7 Schreibe in diese Quadrate dein Geburtsdatum.

8 Addiere die sechs einzelnen Ziffern deines Geburtsdatums, und schreibe die Summe an den linken Rand dieser Seite.

---

9 Kreise alle Wörter mit genau drei Buchstaben von der ersten Anweisung bis zum Ende dieser Anweisung ein.

10 Schreibe »Maximale Geschwindigkeit?« in die untere linke Ecke.

11 Multipliziere auf der nächsten Seite (oben) 7 x 1999

12 Schaue das Ergebnis nochmals kurz an, und schreibe es aus dem Gedächtnis hier auf: _____

13 Schreibe an den rechten Rand alle Buchstaben von A bis Z (drehe das Buch vorher, um Platz zu haben) und direkt darunter die entsprechenden Zahlen von 1 bis 26.

14 Wenn du alle bisherigen Anweisungen befolgt hast, schreibe in die Mitte des oberen Randes: »Ja, ich habe alles befolgt!«

15 Bohre mit deinem Stift in jeden der folgenden Kreise ein kleines Loch: ○ ○ ○ ○ ○ ○ ○

16 Die nächste Anweisung, nämlich Anweisung 17, hat eine ganz besondere Bedeutung: Sie gilt unabhängig von allen bisherigen Anweisungen (1 bis 15).

17 Schreibe jetzt 1+ in die untere rechte Ecke und lies weiter.

18 Schließe die Augen und multipliziere 47 x 11 im Kopf; Ergebnis: _____

19 Schlag mit der linken Hand ein Mal auf den Tisch und streiche die 1+ wieder durch.

20 Nachdem du jetzt, wie in Anweisung 1 deutlich angegeben, alles gelesen hast, führe nur Anweisung 3 aus, und lege dann deine rechte Hand auf den Kopf. Du bist fertig!

Deine Zeit: _____

Na, wie lief es? War es wirklich eine ziemlich stressig Aufgabe oder nur ein Kinderspiel für dich? Hast du die Aufgabenstellung aufmerksam gelesen? Denn wie du unter (1) siehst, solltest du alles lesen, bevor du anfängst. Wenn du dies getan hättest, dann würdest du rechts oben auf der Seite deinen Namen stehen haben, unten rechts eine 1+ und die rechte Hand läge auf dem Kopf. Wenn es so bei dir aussieht, dann meinen Glückwunsch! Meistens ist die Seite nämlich mächtig vollgekritzelt und durchstochen und vielleicht vor lauter Hektik noch von Schweißflecken beträufelt – nur weil man am Anfang der Aufgabe nicht aufmerksam genug war! Wenn dir dies geschehen sein sollte, erinnert dich diese von dir malträtierte Seite hoffentlich immer wieder an die Notwendigkeit der ständigen Aufmerksamkeit beim Lernen!

Übrigens gibt es ein schwieriges Dilemma mit dem Phänomen »Aufmerksamkeit«. Aufmerksamkeit bedeutet nämlich gemeinhin, sich auf eine Sache ganz gezielt zu konzentrieren, ohne sich von anderen Einflüssen, Gedanken oder Anreizen ablenken zu lassen. Man spricht diesbezüglich auch von selektiver Aufmerksamkeit, einem Scheinwerfer ähnlich, der ja auch nur ganz gezielt einen kleinen Bereich beleuchtet. Auf der anderen Seite ist unser Gehirn so aufgebaut, dass es stets für Neues Interesse hat und es an »Normalem« oder »Routinemäßigem« schnell die Begeisterung verliert. Steht das nicht im Widerspruch? Im Grunde ja, doch gibt es eine Lösung. Immer wenn man lernt und fürchtet, die Aufmerksamkeit zu verlieren, da der Lernstoff beginnt, langweilig zu werden, sollte man den Lernstoff aus einer anderen Perspektive und unter neuen Aspekten sehen. Hierdurch entfacht man das Feuer des Gehirns erneut! Wie Prof. Dr. Inghard Langer schreibt, ist der ständige Bewegungsdrang und die zappelige Unkonzentriertheit von hyperaktiven Kindern und ADS-(Aufmerksamkeits-Mangel-Syndrom-)Kindern vielleicht ein »krampfhafter« Versuch des Gehirns, den Lernstoff durch immer neue Perspektiven wieder schmackhaft zu machen.

Übrigens haben auch wissenschaftliche Experimente gezeigt, dass man die Abneigung gegenüber einer Sache verlieren kann, wenn man sich zwingt, diese Sache aus verschiedenen Perspektiven zu betrachten und auf viele verschiedene Aspekte hin zu begutachten.

Gehirngymnastik

So wie wir unseren Körper durch gezielte gymnastische Übungen in Form und flexibel halten, können wir es auch mit unserem Gehirn tun. Wie bereits erwähnt, ist eine Besonderheit unseres Gehirns, dass es aus zwei Hälften besteht, die im Großen und Ganzen unterschiedliche Aufgaben erfüllen. Gerade für das Lernen ist es sehr wichtig, dass wir für die beim Lernen ablaufenden Prozesse beide Gehirnhälften einsetzen und eine gute Zusammenarbeit dieser Hälften beim Lernen vonstatten geht. Häufig sind Lernstörungen auf eine Disharmonie der Funktionen dieser beiden Gehirnhälften zurückzuführen.

Mit ganz bestimmten Übungen können wir jedoch eine harmonische Koordination unserer beiden Gehirnhälften stimulieren und so die gehirnphysiologische Basis für ein optimales Lernen schaffen. Abhängig davon, wie harmonisch deine beiden Gehirnhälften bereits zusammenarbeiten, können dir die folgenden Übungen noch weiterhelfen.

Lustiges Gehirnhälften-Puzzle

Doch bevor wir mit den Übungen beginnen, möchte ich dir anhand einer kleinen lustigen Aufgabe zeigen, wie sehr motorische Bewegungen und mentale Aufgaben miteinander gekoppelt sind und welche Rolle die Gehirnhälften dabei spielen. Dabei sollst du wissen, dass die linke Gehirnhälfte die rechte Körperseite steuert, und entsprechend die rechte Gehirnhälfte für die linke Körperseite zuständig ist.

Versuche bitte, Folgendes gleichzeitig auszuführen:

1. Setze dich auf einen Stuhl, hebe deinen rechten Fuß vom Boden und kreise den Fuß im Uhrzeigersinn.
2. Während du dies tust, zeichne mit der rechten Hand eine »6« in die Luft.

Na, hast du was gemerkt? Dann achte mal auf deinen Fuß, er dreht sich in die andere Richtung! Probiere es nur öfter, du wirst es nicht schaffen, dass er seine Drehrichtung nicht ändert!

Zeichne nun die »6« mit der linken Hand in die Luft. Und siehe da, das macht deinem Fuß nichts aus!

Zeichnen von liegenden Achten

Nimm dir ein Blatt Papier, und beginne nun in der Mitte des Papiers damit, liegende Achten übereinander zu zeichnen. Setze dabei den Stift nicht ab. Nun zeichne drei solcher Achten mit der rechten Hand und dann drei mit der linken Hand und zum Schluss drei Achten mit beiden Händen gleichzeitig. Dein Blick

161

sollte auf die Spitze des Stifts gerichtet bleiben – wenn du mit beiden Händen gleichzeitig zeichnest, dann fixiere eine der beiden Stiftspitzen.

Wirkung der Übung: Diese zeichnerische Liegende-Acht-Übung »verbindet« die beiden Gehirnhälften besser miteinander. Das führt zu größerer mentaler Leistungsfähigkeit.

Überkreuzbewegung zur Gehirnhälften-Koordination

Die Überkreuzbewegung aus der Kinesiologie (Heilgymnastik) ist eine äußerst einfache motorische Übung. Dabei geht man nur auf der Stelle, zieht zuerst das rechte Knie hoch und bringt es mit dem Ellenbogen des angewinkelten linken Arms zusammen; dann setzt man das Bein wieder ab, hebt das linke Bein und berührt den Ellenbogen des rechten angewinkelten Arms. Dies macht man einige Male, wobei man darauf achten sollte, diese Übung nicht schnell und hektisch auszuführen, sondern konzentriert und bedächtig.

Wirkung der Übung: Auch diese simple körperliche Übung steigert die Lernleistung, wenn Lernblockaden aufgrund von disharmonisch arbeitenden Gehirnhälften entstanden sind.

Konzentrations- und Meditationsübungen

Meditative Atem-Konzentrationsübung

Bei dieser sehr bekannten Übung aus dem Meditationsbereich soll man lernen, sich auf den Atem zu konzentrieren und durch langsameres Atmen ruhiger und entspannter zu werden.

Nimm eine bequeme Sitzhaltung ein, und schließe die Augen. Versuche nun, durch die Nase ruhig ein- und auszuatmen. Konzentriere dich nur auf das Atmen, und spüre, wie die Luft ein- und ausströmt, stelle dir auch den Vorgang so klar wie möglich vor. Mache das ein bis drei Minuten am Stück, und versuche, nicht mit deinen Gedanken abzuschweifen. Mache diese Übung regelmäßig, später kannst du sie auch gerne länger machen.

Übrigens: Wenn du eine Countdown-Uhr besitzt oder dich jemand stoppen kann, dann mache diese Übung genau zwei Minuten lang, und zähle deine Atemzüge, schreibe diesen Wert auf, und vergleiche ihn mit dem Wert in einigen Wochen: Dieser müsste drastisch abgesunken sein, was ein Zeichen dafür ist, wie viel mehr Entspannung und Konzentration du bewusst in dir hervorrufen konntest.

Hier noch ein Tipp, wie du durch die Kontrolle des Atmens Denkblockaden auflösen kannst. Es kommt immer wieder vor, dass man durch Stress und Anspannung einen so genannten Blackout hat, eine sehr frustrierende Situation, bei der man den eigentlich gut gelernten Stoff nicht mehr aus dem Gehirn abrufen kann. Mache dann Folgendes: *Hole tief Luft, halte deinen Atem so lange wie möglich an, und atme schließlich langsam aus.* Dadurch erhält das Gehirn eine Zeit lang weniger Sauerstoff und ist automa-

163

tisch gezwungen, seine die Blockade verursachende Überaktivität zu bremsen. Der Datenwirrwarr wird gestoppt, und die gewünschte Information könnte dann wieder leichter verfügbar sein. Das klappt natürlich nicht immer, aber versuche es einfach, wenn du nicht weiterweißt.

Gedankenzähl-Konzentrationsübung

Bei dieser Übung nimmst du wieder eine bequeme Sitzhaltung ein und konzentrierst dich nun auf deine Gedanken. Visualisiere einen großen schwarzen Bildschirm, auf dem nichts zu sehen ist. Zentriere deine Gedanken nur darauf. Wenn ein neuer Gedanke in deinen Kopf schießt, zähle ihn, richte deinen mentalen Fokus aber dann sofort wieder auf den schwarzen Bildschirm. Zähle so alle deine Gedanken, die dir während zwei Minuten in den Kopf kommen. Sei ehrlich dabei, und störe dich nicht daran, wenn es 20, 50 oder gar 100 sind.

Wenn du diese Übung öfter machst, sollten es mit der Zeit immer weniger »fremde« Gedanken werden.

Kugel-Konzentrationsübung

Eine kurze Übung, die sehr ähnlich zu der vorhergehenden Übung ist. Der Unterschied besteht darin, dass du dir nun so klar und deutlich wie möglich einen Gegenstand vorstellst, zum Beispiel eine perfekte Kugel. Richte deine Konzentration nur auf diese imaginäre Kugel, und versuche, abschweifende Gedanken immer sofort wieder auf diese Kugel zurückzubringen. Auch hierdurch sollst du lernen, deine Konzentration möglichst lange auf eine Sache zu fokussieren.

Hand-Energie-Konzentrationsübung

Schließe die Augen, und reibe die Handflächen kurz aneinander. Dann entferne die Handflächen etwa 10 Zentimeter voneinander, so dass sie parallel zueinander stehen. Nun stelle dir einen magischen, warmen Energiefluss zwischen diesen Händen vor, der immer stärker wird. Du sollst den Energiestrom als so stark visualisieren, dass sich die Hände nicht mehr zusammendrücken lassen (Du sollst es nur mental versuchen, die Hände zusammenzudrücken, aber du sollst es auf keinen Fall wirklich tun!). Ziehe dann die Hände langsam ein klein wenig auseinander. Auch hier sollst du dir vorstellen, dass das Energiefeld so stark ist, dass es enorme Anstrengung kostet, die Hände voneinander zu entfernen. Konzentriere dich, und spüre die enorme Wärme und Kraft zwischen den Händen. Versuche nun wieder, die Hände gegen das aufgebaute starke Energiefeld zusammenzudrücken (wiederum ohne es tatsächlich zu tun!), dann ziehe die Hände wieder etwas auseinander. Wiederhole diese Schritte noch zwei bis drei Mal, und führe dann die Handflächen langsam zu deinem Bauch, und lege sie dort behutsam auf. Stelle dir dabei vor, wie all die wundersame Energie in dich hineinfließt.

Problemlösung durch Visualisation

Die folgenden zwei Probleme sollen zeigen, dass der Mentalfaktor »Visualisation« nicht nur vorzüglich eingesetzt werden kann, wenn es um das Behalten von Lernstoff geht, sondern dass sich auch Probleme leicht durch Einsatz der Visualisation oder Veranschaulichung lösen lassen.

Bücherwurmproblem

Beim Bücherwurmproblem handelt es sich um folgende Denksportaufgabe: Im Bücherregal steht ein zweibändiges Lexikon mit jeweils 400 Seiten. Ein Bücherwurm frisst sich von der ersten Seite des ersten Bandes zur letzten Seite des zweiten Bandes. Frage: Durch wie viele Seiten hat er sich geknabbert?

Überlege selbst einmal, bevor du weiterliest!

Deine Antwort: _____ Seiten

Wenn ich die Aufgabe in meinen Seminaren stelle, höre ich immer wieder die ganz spontane Reaktion von einigen recht selbstbewussten Teilnehmern, die gleich überzeugt ihre Antwort in die Menge schreien: »800!« Ich kommentiere dies zunächst nicht und fordere alle auf, weiterzuüberlegen und ihre Meinung abzugeben. 798, 400, 398 etc. sind dann typische Antworten, alles mehr oder weniger mathematisch entstandene Lösungen – und trotzdem falsch. Ganz einfach wird es dagegen, wenn man sich die Aufgabe bildlich vorstellt, wie die beiden Bücher im Bücherregal stehen, wo sich der Wurm befindet und wohin er wandert.

Na, erlebst du einen Aha-Effekt? Richtig! Im Grunde beißt er sich nur durch die zwei Buchdeckel – und somit wäre die Antwort »Null Seiten« bzw. maximal zwei Seiten, wenn man annimmt, dass er die erste und letzte Umschlagseite gefressen hat. Der Clou ist also, dass man durch das Visualisieren des Problems quasi die beiden Bücher im Bücherregal mit dem hungrigen Wurm darin vor dem geistigen Auge stehen sieht und dann die ursprünglich schwierige Aufgabe im Nu kinderleicht wird – übrigens müssen Bücher natürlich in normaler Anordnung stehen, damit man zu dieser Lösung kommt.

Mond-Erde-Rotationsproblem

Dieses Problem, angewandt auf die Astronomie, stammt direkt aus der Physik. Frage: Wie oft dreht sich der Mond um sich selbst während eines vollständigen Erdumlaufs (etwa ein Monat), wobei ich noch den Hinweis gebe, dass man immer die gleiche Seite vom Mond sieht?

Überlege auch hier wieder, bevor du weiter liest.

Deine Antwort: _____

Auch wenn du vielleicht gleich versucht hast, dein Vorstellungsvermögen einzusetzen, um die Aufgabe zu lösen, wird es nicht leicht gewesen sein. Manchmal ist es nämlich gar nicht so einfach, sich kompliziertere Sachverhalte im Geiste so exakt vorzustellen, dass man die Lösung findet. Dafür ist dann schon Übung erforderlich. Wenn du die Lösung also noch nicht finden konntest, dann unterstütze deine Vorstellung damit, dass du mit zwei kreisförmigen

167

Objekten die Situation nachspielst. Eigentlich ganz einfach, oder? Der Mond dreht sich genau einmal, wenn er sich einmal um die Erde dreht. Deshalb sehen wir seit Menschengedenken immer nur die gleiche Mondseite. Was für ein sonderbarer Umstand!?

Wenn also ein Problem durch Mathematik, Theorien oder Gesetze partout nicht zu lösen ist, vergiss nicht, dass du noch das mentale Werkzeug der »Visualisation« einsetzen kannst! (Übrigens ist Albert Einstein selbst häufig durch solche »Gedankenexperimente«, wie er es nannte, zu neuen Erkenntnissen gekommen.)

Lernoptimum verankern

Bei dieser Übung aus einer sehr erfolgreichen Therapieform, dem NLP (Neurolinguistisches Programmieren) soll jeder sein persönliches »Lern-Highlight-Erlebnis« ins Gedächtnis zurückrufen und es sich so klar wie möglich vorstellen, um dann letztendlich immer die Möglichkeit zu haben, mental schnell und bewusst in sein eigenes Lernoptimum kommen zu können. Nimm dir also ein paar Minuten Zeit, um eine Situation aus der Vergangenheit zu suchen, in der das Lernen Hochgefühle in dir auslöste. Dies kann eine besonders gute Note in einer Arbeit, ein starkes Kompliment von einem Lehrer, der Ausdruck der Achtung über eine besondere Lernleistung durch andere Schüler und Ähnliches sein. Überlege so lange, bis dir ein solches positives Referenzerlebnis einfällt. Falls du sogar mehrere in Erinnerung rufen kannst, entscheide dich für jenes, welches dir besonders klar im Kopf ist und/oder die stärksten positiven Emotionen in dir hervorruft.

Dein positives Referenz-Lernerlebnis:

_____

_____

_____

_____

_____

_____

Jetzt solltest du dich für eine kleine Körperbewegung, eine Geste oder einen Druck auf eine Körperstelle entscheiden, welche so ungewöhnlich ist, dass du sie normalerweise nicht ausführst; allerdings sollte die Körperbewegung auch nicht so extrem ausfallen, dass du dich nicht traust, sie vor anderen zu zeigen.

Beispiele sind ein Fingerdruck an die Schläfe, eine kreisende Handbewegung, ein kurzes Streicheln über die Nase mit anschließendem Zupfen an der Halshaut (macht der älteste mehrfache Gedächtnis-Weltmeister) oder ein kleiner Klaps auf den Oberschenkel (macht der Schnell-Lese-Weltmeister).

Deine Lernoptimum-Bewegung:

_____

Nach diesen zwei Vorbereitungsschritten kommt die eigentliche Aufgabe. Visualisiere dein »Lern-Highlight-Erlebnis« so klar und deutlich wie möglich. Sobald du ein klares, möglichst alle Sinne einschließendes mentales Bild davon hast, führe dann deine individuelle Körperbewegung durch. Hierdurch entsteht eine spezifische Kopplung zwischen Psyche und Körper. Der Sinn dieser Technik ist, dass nach der erfolgreichen Kopplung die Körperbewegung ausreicht, um sich immer, wenn diese spezielle Bewegung ausgeführt wird, wieder in ein Lernleistungsoptimum zu bringen.

Allerdings sind dafür einige Trainingseinheiten notwendig! Diese Übung solltest du die nächsten zwei Wochen mindestens zwei bis drei Mal am Tage ganz intensiv wiederholen – sonst tritt der erwünschte Kopplungseffekt nicht ein! Doch wenn du bei dieser Übung erfolgreich bist, bietet sich dir eine hervorragende Möglichkeit, in dein Lernoptimum zu kommen, indem du ganz entspannt deine »Lernoptimum-Bewegung« machst!

Betrachte einmal Hochleistungssportler ganz genau und mehrmals, dann wird dir auffallen, dass viele von ihnen ebenfalls »ihre Hochleistungsbewegung« nutzen, die sie immer direkt vor dem Zeitpunkt ausführen, zu dem sie ihr Leistungshoch abrufen möchten. Es ist fast wie ein Ritual, welches sich abspielt, um dem Körper (und Geist) das Signal zu geben: »Jetzt aber Vollgas!«

Übrigens kannst du diese direkte Abhängigkeit zwischen Körper und Geist bzw. Gefühl durch eine ganz einfache Beispielaufgabe jetzt selbst erfahren: Reiße jetzt mit aller Kraft deine Arme hoch, und strecke sie gen Himmel! Erlebst du nicht im Nu ein wunderbares Gefühl der Stärke, der Kraft und des Selbstbewusstseins? Es ist doch wirklich fast unmöglich, sich dabei schwach, klein und unfähig zu fühlen, oder?

Kreativität (der Zauber der unvollständigen Witze)

Witze mag fast jeder. Ob man sie in irgendeinem Heftchen liest oder sie in einer lustigen Runde von Freunden erzählt bekommt. Natürlich gibt es sehr viele unterschiedliche Witze, und es wurden schon unzählige Bücher darüber verfasst, warum Witze überhaupt witzig sind. Doch das soll uns an dieser Stelle nicht allzu sehr interessieren. Viel wichtiger ist, dass viele Witze uns die Möglichkeit geben, unsere Kreativität zu trainieren! Denn sie sind so aufgebaut, dass sie eine Situation mit Worten aufblasen wie einen Luftballon. Und dieser wird dann durch einen unerwarteten Schlusseffekt, auch Pointe genannt (frz. *point(e)*, eigtl. = Spitze, Stachel, Stich), wie durch eine Nadel zum Platzen gebracht und dadurch meist der gewünschte Humor erzeugt.

Wenn man sich jedoch nun nicht den ganzen Witz erzählen lässt, sondern der Erzähler vor der Pointe aufhört, dann kann man selbst nachdenken, geistig herumspielen und seine Kreativität entwickeln.

Probiere es einfach einmal! Ich habe im Folgenden einige Witze angefangen, vor der Pointe aufgehört und dafür drei leere Zeilen gesetzt. Überlege einfach selbst einmal, wie der Witz weitergehen könnte, damit er wirklich witzig ist. Du kannst auch mehrere Ideen eintragen; und vielleicht ist ja eine deiner Ideen sogar besser als mein Vorschlag, den du in der Auflösung findest! Dann hast du so ganz nebenbei sogar einen neuen Witz erfunden!

Der Multimillionär

Dem Multimillionär wird plötzlich schlecht. Erbleichend greift er sich ans Herz. »Kann ich etwas für Sie tun?«, fragt seine Privatsekretärin besorgt. »Stehen Sie nicht so dumm herum!«, schimpft der steinreiche Mann »Schnell, ...!«

Lösung 1: _____

Lösung 2: _____

Lösung 3: _____

Rudis Fiedeln

Rudi hat eine Geige geschenkt bekommen und ist fleißig am Fiedeln. Kommt der Vater ins Zimmer: »Möchtest du nicht lieber mit dem Üben warten, bis ...?«

Lösung 1: _____

Lösung 2: _____

Lösung 3: _____

Brunos Sachen

Warum haben Sie den Bruno schon wieder eingesperrt?« – »Ach, der findet immer Sachen, die ...«

Lösung 1: _____

Lösung 2: _____

Lösung 3: _____

Ernas Schokolade

Mutter: »Heute früh waren in der Vorratskammer noch zwei Tafeln Schokolade. Jetzt ist nur noch eine Tafel da. Kannst du mir das erklären?« Erna: » ...«

Lösung 1: ——————————————————————

Lösung 2: ——————————————————————

Lösung 3: ——————————————————————

Der Angeklagte

»Glauben Sie mir, Herr Richter, ich bin unschuldig.« Antwortet der Richter: »Ja, ja, das sagen alle.« Angeklagter: »Nun, wenn ...«

Lösung 1: ——————————————————————

Lösung 2: ——————————————————————

Lösung 3: ——————————————————————

Ich hoffe, es war nicht zu schwer und du hast nicht auf die »Lösungen« gespickt! Oft ist es so, dass einem zunächst nichts einfällt. Doch darf man dann nicht aufgeben und sollte einfach in andere Richtungen weiterdenken – meist hat man dann doch plötzlich eine tolle Idee! Und auch hier macht die Übung den Meister! Aber schau jetzt einfach, wie du meine zusammengetragenen Vorschläge findest.

Auflösung: Die Pointen der Witze (Vorschläge)

Der Multimillionär: »*Schnell, kaufen Sie mir ein Krankenhaus!*«

Rudis Fiedeln: »*... du es besser kannst?*«

Bruno eingesperrt: »*... andere noch gar nicht verloren haben!*«

Ernas Schokolade: »*Da ist es so dunkel drin, dass ich die zweite Tafel glatt übersehen habe.*«

Der Angeklagte: »*... es alle sagen, muss es wohl stimmen.*«

Übrigens kann man dieses »Pointen-Raten« auch wunderbar in der Gruppe spielen und auf diese Weise sogar seinen eigenen Humor schärfen. Lies zum Beispiel auch deinen Freunden deine Antworten vor und teste ihre »Lach-Reaktion«, dann weißt du, was sie für komisch halten und was nicht.

Und so trainierst du dann nicht nur deine Kreativität, sondern lernst auch für das normale Leben, in jeder Situation einen lustigen Spruch auf der Zunge zu haben!

Glaube nicht alles, was du hörst!

Dieses Kapitel soll ein Problem behandeln, welches immer mit dem Lernen verbunden ist. Denn allzu leicht geht man davon aus, dass, wenn man etwas hört, sieht oder liest, die gegebene Information auch wirklich wahr ist und somit als Tatsache gelernt werden kann. Dies ist jedoch ein Irrglaube. Und hoffentlich führen nachfolgende Anregungen bei dir zu weniger kritiklosem Lernen.

Wer weiß, was er weiß?

Der nachfolgende kleine Test soll dich auf den ganz bedeutenden Unterschied zwischen Behauptungen/Meinungen/Vermutungen/Ansichten auf der einen Seite und Fakten/Tatsachen/Wissen auf der anderen Seite aufmerksam machen. Bei allen Formen des Lernens ist stets wichtig, festzustellen, welchen Wahrheitsgehalt der Lernstoff besitzt, und unter welchen Bedingungen die Information als Tatsache oder Faktum gelten könnte.

Lies dir die nachfolgenden Aussagen langsam durch, und versuche, dabei möglichst viel aufzunehmen und dir einzuprägen. Falls du nach einmaligem Lesen noch unsicher bist, kannst du gerne auch noch ein zweites Mal den Text durchgehen.

Lerntest: Schnelles Lernen von Wissensinhalten

1. Viele Autoren haben sich damit beschäftigt, wie gut berühmte Persönlichkeiten in der Schule gewesen waren. So herrscht das allgemein verbreitete Gerücht, dass der Nobelpreisträger Albert Einstein ein sehr schlechter Schüler war.

2. Immer wieder sagen Eltern ihren Kindern »Lies nicht im Dunkeln!«, denn sie glauben, dass das Lesen im Dunkeln für die Augen schädlich sei.

3. Es gibt zahlreiche Theorien zum Aussterben der Dinosaurier. Die anerkannteste, wenn auch noch nicht eindeutig bewiesene ist die, welche den Hauptgrund im Einschlag eines riesigen Meteoriten vor 65 Millionen Jahren sieht.

4. Die Firma schrieb in ihren Produktunterlagen, dass nach ihren Untersuchungen die von ihnen neu entwickelte Substanz »Kopfwohl« Kopfschmerzen von allen bekannten auf dem Markt befindlichen Stoffen am schnellsten bekämpft.

5. Auch wenn es nach dem Augenschein schwer verständlich ist, so bestehen ein Diamant und ein Kohlebrocken aus dem gleichen Element, nämlich aus Kohlenstoff. Dies wurde eindeutig nachgewiesen, indem diese beiden Stoffvarianten (Diamant und Kohle) ineinander umgewandelt wurden (durch Druck und Hitze).

6. Dr. Mark Peters behauptete in seinem neuen Buch mehrfach, dass nicht Affen oder Hunde, sondern Delfine die intelligentesten Tiere wären.

7. Die meisten Menschen sind der Meinung, dass Englisch die von allen Sprachen am meisten gesprochene ist.

8. Hans erzählte Gerda, dass er gestern in der Zeitung etwas Interessantes gelesen hätte: Dort stand, dass klügere Menschen sich häufiger verletzen.

9. Seit Tausenden von Jahren rätseln die Menschen, wo unser Mond herkommt. Die heutigen Wissenschaftler vermuten aufgrund einiger Anzeichen, dass der Mond ursprünglich ein Teil der Erde war.

10. Der als Experte geschätzte Professor Hans Hoffmann äußerte in seinem hervorragenden Vortrag, dass er sich recht sicher über die Ursache des Flugzeugabsturzes sei: Totalausfall der Triebwerke.

Auflösung: Weißt du, was du weißt?

Lies dir nun die nachfolgenden zehn Fragen durch. Schreibe bitte auf, was du von den eben vorgelesenen Informationen noch weißt. Dabei sollst du nur berücksichtigen, was du eben gelesen hast und nicht, was du vorher schon wusstest.

Hier noch einmal die Aufgabenstellung: Was weißt du noch von den eben durchgelesenen zehn Punkten? Beantworte folgende zehn Fragen nach den eben gegebenen Informationen, nicht nach deinen eigenen Kenntnissen!

1. Wie war Einstein in der Schule?

_____

2. Ist das Lesen im Dunkeln für die Augen schädlich?

_____

3. Warum sind die Dinosaurier ausgestorben?

4. Welche Substanz lindert Kopfschmerzen am schnellsten?

5. Bestehen Diamant und Kohle aus dem gleichen Element?

6. Welches ist das intelligenteste Tier?

7. Welche Sprache ist die am meisten gesprochene?

8. Verletzen sich klügere Menschen häufiger?

9. War der Mond ursprünglich ein Teil der Erde?

10. Warum ist das Flugzeug abgestürzt?

War es schwer? Na, was meinst du, wie viele Antworten hast du korrekt beantwortet? Zwei, fünf, neun oder gar zehn?

Es gab hierbei etwas ganz Besonderes zu beachten, nämlich den Unterschied zwischen »Wissen« und »Nicht-Wissen«. »Nicht-Wissen« ist hier wirklich als Gegenteil zu »Wissen« zu verstehen. Denn »Wissen« ist etwas, was wir als allgemeine Wahrheit ansehen, auf die man sich gleichsam hundertprozentig verlassen kann. Alles andere ist »Nicht-Wissen«, das man auch als »Meinung«, »Ansicht«, »Vermutung« oder »Glaube« bezeichnen kann.

Nun aber zur Lösung des vorangegangenen Tests: Alle Fragen solltest du mit »Ich weiß nicht« beantwortet haben, bis auf Frage 5; hier sollte »Ja« stehen.

Schau dir nun die zehn ausführlichen Aussagen noch einmal an. Vielleicht fällt dir jetzt auf, dass nur die Aussage Nr. 5 so formuliert ist, dass kein Zweifel an ihrer Richtigkeit besteht. Hier wurde darüber hinaus sogar ein nachvollziehbarer Beweis für die Korrektheit der Information angeführt. Alles andere waren nur Aussagen, die als Vermutungen, Behauptungen, Ansichten, Glauben etc. formuliert waren. Deshalb konntest du auch kein Wissen aus diesen Aussagen erhalten und musstest eigentlich neunmal mit »Weiß ich nicht« antworten.

Meine Bitte an dich: Achte immer genau darauf, ob dein Gegenüber dir wirklich »Wissen« mitteilt und du dich auf diese Information verlassen kannst – weil sie nämlich wahr ist.

> *Zu wissen, was du weißt, und zu wissen, was du nicht weißt, das ist das Kennzeichen eines Wissenden.*
> Konfuzius

Und auch du solltest bei allem, was du sagst (und auch denkst) entscheiden, ob es »Wissen« ist. Oder doch nur eine Vermutung oder Meinung? Und das kannst du dem anderen ganz leicht deutlich machen durch Wörter wie: »Ich glaube ...«, »Meine Meinung ist ...«, »Es scheint so, dass ...«, »Man könnte vermuten ...« und so weiter.

Wenn du dir das angewöhnst, kannst du beim Lernen schnell feststellen, was du schon wirklich weißt und was du noch weiter durcharbeiten, hinterfragen oder nachprüfen musst.

Nur so kommst du zu den richtigen Antworten auch bei den schwierigen Fragen und Problemen!

Unbedingt »bedingtes Lernen« lernen

Diese Form des Lernens, bei der man nicht einfach die Informationen immer als gegeben und bedingungslos anerkennt, bezeichnet man auch als »bedingtes Lernen«. Hintergrund für diese Art des Lernens ist, dass man Informationen dadurch viel tiefer verarbeitet. Die Fragestellung, unter welchen Bedingungen die Information gilt und unter welchen nicht, ist maßgebend für eine tiefe Prozessierung des Lernstoffs und geht mit einer langen Abspeicherung einher.

Das Pluto-Entfernungsproblem ist hierfür ein Paradebeispiel: Auf die Frage, welcher Planet unseres Sonnensystems von der Sonne am weitesten entfernt ist, sollen wir mit der Antwort »Pluto« antworten – so wird es uns in der Schule zumindest eingetrichtert. Das kann man natürlich büffeln und pauken und hat dann aber doch nichts verstanden. Wenn man aber fragt, unter welcher Bedingung dies denn stimme und was damit genau gemeint ist, so lernt man viel über die tieferen Zusammenhänge!

So ist die Aussage nur unter der Bedingung als richtig zu werten, dass man mit der Entfernung zwischen Sonne und Pluto die durchschnittliche Entfernung meint. Da die Umlaufbahn Plutos um die Sonne aber ellipsenförmig verläuft, wie es auch bei anderen Planeten die Regel ist, und er eine immense Zeit von fast 250 Jahren für einen Umlauf benötigt, ist er jedoch über lange Zeiträume hinweg tatsächlich nicht am weitesten von der Sonne entfernt – eben nur im Durchschnitt über die 250 Jahre! So war die Antwort »Neptun« auf die obige Frage für die Zeit von Januar 1979 bis März 1999 nicht unbedingt falsch, denn in diesen 20 Jahren war Neptun in der Tat weiter von der Sonne weg als Pluto!

Wissensniveaus – oder »Alles klar?«

Es ist sehr wichtig, zu verstehen, dass man im Grunde eine Sache nie richtig verstehen kann. Man befindet sich mit seinem Verständnis immer nur auf einem bestimmten Level, welches ich »Wissensniveau« nennen möchte. Ein Lernprozess besteht im Grunde darin, von

Stelle Fragen. Unser Wissen besteht aus den Antworten auf gestellte Fragen.
Aristoteles

seinem jetzigen Wissensniveau durch das Lernen zu einem höheren zu gelangen und dann über Wochen oder im Studium über Jahre hinweg das Wissensniveau immer weiter hochzuschrauben. Wenn man diese Tatsache über das Lernen verstanden hat, kommt man vom hohen Ross des selbstherrlichen Wissenden herunter und ist andererseits in der Lage, die richtigen Fragen zu stellen, um den Berg des Wissen weiter zu erklimmen.

Eine simple Frage – »Warum brennt eine Kerze?« – soll diesen Sachverhalt verdeutlichen, siehe Kasten Seite 182. Wie man an diesem Beispiel sieht, wäre jede dieser sechs Antworten korrekt und akzeptabel. Sie unterscheiden sich dabei nur in ihrer Komplexität und dem unterschiedlichen Hintergrundwissen, welches man benötigt, um die Antwort auch »verstehen« zu können, was sich schon durch den zunehmenden Textumfang der Antworten andeutet. Letztendlich könnte man immer weiterfragen und würde stets zu dem Punkt kommen, wo kein Mensch die Antwort weiß; deshalb endet die Grafik der Wissensniveaus mit einem Fragezeichen.

Daraus resultiert ein ganz wichtiger Lerntipp: Wenn man die Vermutung hat, dass man zu einem Thema über kurz oder lang

Warum brennt eine Kerze?

(Lies die Antworten von unten nach oben, und klettere so die Wissensniveau-Leiter hinauf).

?

8.

7.

6. Weil das O_2-Molekül (kommt zu 21,95 % in der Luft vor) mit seinen beiden antibindenden π^* 2p-MO-Elektronen ein paramagnetisches Diradikal ist, welches nach Aufwendung der Aktivierungsenergie sich mit den Paraffinen der Kerze durch eine exotherme Reaktion zu thermodynamisch stabileren Reaktionsprodukten verbindet.

5. Weil Sauerstoff ein sehr reaktives Diradikal ist, welches mit stark negativer Reaktionsenthalpie die C-H-Bindungen und C-C-Bindungen der langkettigen Kohlenwasserstoffe unter Bildung energieärmerer Reaktionsprodukte spaltet.

4. Weil Wachs aus Kohlenwasserstoffen besteht, die durch den Luftsauerstoff unter Bildung von Kohlendioxid und Wasser sowie Energiefreisetzung oxidiert werden.

3. Weil das dampfförmige Wachs zusammen mit der Luft eine chemische Reaktion eingeht, die Energie in Form von Wärme und Licht freisetzt.

2. Weil das Wachs in der Nähe des Dochtes durch das heiße Streichholz verdampft und dadurch verbrennen kann.

1. Weil man die Kerze angezündet hat.

Antworten unterschiedlicher Wissensniveaus zur Frage:
»Warum brennt eine Kerze?«

sein betreffendes Wissensniveau erhöhen will oder muss, dann sollte man sein Wissensniveau so genau wie möglich formulieren – also eine präzise und ausreichend umfangreiche Zusammenfassung seines Kenntnisstandes schreiben. Auch wenn dies durchaus einige Zeit in Anspruch nimmt, spart man letztendlich viel Zeit, denn durch die Zusammenfassung katapultiert man sich dann später im Nu wieder auf das damalige (hohe) Wissensniveau!

Ansonsten bleibt einem in der Regel nichts anderes übrig (gerade wenn viel Zeit verstrichen ist und man viel vergessen hat), als sich wieder mühsam durch alle Wissensniveaus hindurchzuackern!

Wetten: So lerne ich zu wissen!

Dieses Problem kennt ihr sicher. Ein anderer behauptet etwas ganz fest und überzeugt, aber man selbst ist ziemlich sicher, dass er nicht Recht hat. Nun sollte man das natürlich ausdiskutieren. Doch häufig sträubt sich

> *Der Wunsch, klug zu erscheinen,*
> *verhindert oft, es zu werden.*
> François Duc de La Rochefoucauld

der andere oder hält eine Diskussion für unnötig, da er ja ganz sicher ist. In so einer kritischen (und oft ärgerlichen) Situation frage ich die andere Person häufig, auf wie viel Prozent sich ihre Sicherheit beläuft. Dann höre ich sehr oft, beinahe wie aus der Pistole geschossen – 100 Prozent oder sogar ominöse 1000 Prozent, was ja tatsächlich nicht weniger bedeutet, als dass die Person absolut sicher ist und somit selbstverständlich kein Irrtum möglich ist. Dies allein ist schon eine ziemlich anmaßende Behauptung! Aber es

kommt dann noch schlimmer: Wenn ich der anderen Person nämlich eine Wette darüber anbiete, wer Recht hat, so lehnt genau diese Person, die gerade eben noch strotzend vor Selbstbewusstsein
ihre Meinung als Tatsache hingestellt hat, vehement ab – häufig
auch dann, wenn ich eine 10:1-Wette anbiete (der andere würde
dann zehn Mal mehr gewinnen, als er im Falle einer Niederlage
verlieren würde).

Wenn du wirklich auf der Suche nach Fakten, Tatsachen und
Wahrheiten bist, dann wähle den Weg der Wette. Und zwar nicht
nur, weil du die andere Person testen willst, sondern auch, weil du
selbst dadurch immer wieder überlegen musst, wie sicher du eigentlich selbst bezüglich einer Information (oder übrigens auch
deiner Fähigkeiten) bist. Da ich genau diese »Wissenswetten« seit
jüngster Kindheit betreibe, weiß ich ziemlich genau, was ich weiß
und was ich nur glaube zu wissen, und täusche so nicht andere
und mich selbst (ein angenehmer Nebeneffekt davon war übrigens
die Aufbesserung meines Taschengelds).

Übrigens habe ich kein Vertrauen mehr zu einer Person, die
auch nur einmal behauptete, hundertprozentig sicher zu sein und
dann doch Unrecht hatte. Denn: **Wenn eine andere Person selbst
nicht weiß, was sie weiß, wie soll ich dann wissen, was sie weiß?**

Gedächtnisabschlusstest

Der folgende Gedächtnistest entspricht dem offiziellen für Schulen entworfenen Gedächtnistest von MemoryXL, der Europäischen Gesellschaft zur Förderung des Gedächtnisses e.V.
Dies ist ein gemeinnütziger Verein, dem ich von 2002 bis 2006 als Präsident vorstand. MemoryXL hat zum Ziel, die phänomenalen Lerntechniken der Gedächtnissportler in die Schulen, Universitäten und sonstigen Lernstätten zu bringen und den Gedächtnissport in ganz Europa bekannter zu machen und zu fördern.

Der Gedächtnistest dauert etwa 45 Minuten, besteht aus drei Einzeltests und gibt dir die Möglichkeit, die im ganzen Buch beschriebenen Techniken praktisch anzuwenden. Daneben kannst du aber auch sehen, wie du im Vergleich zu anderen stehst und ob du vielleicht auch schon so gut bis, dass du bereits bei einer regionalen Gedächtnismeisterschaft mitmachen könntest (Näheres unter www.memoryXL.de).

Allgemeine Testanleitung

Bei jedem der drei Tests bekommst du eine festgeschriebene Zeit zum Einprägen, und zwar fünf bzw. zehn Minuten. Bitte halte diese Zeit genau ein, da sonst dein Ergebnis verfälscht wird und du es nicht mit dem anderer vergleichen kannst. Nach Ablauf der Memorierzeit kannst du dann die von dir eingeprägten Daten in das vorgegebene Wiedergabeschema eintragen. Auch hierfür hast du nur begrenzt Zeit, wobei diese Zeit meistens gut ausreichen sollte. Wichtig ist natürlich, dass du nicht noch einmal auf die zu lernenden Informationen der Einprägphase schaust (eventuell die Daten mit einem Blatt Papier abdecken!). Danach kannst du dir entsprechend den beschriebenen Auswertungsregeln selbst Punkte geben. Am Ende aller drei Tests zählst du diese Punkte dann zusammen. Achte bitte darauf, dass du während der Tests absolute Ruhe hast und auf keinen Fall gestört wirst!

Zahlentest

Bei diesem fünfminütigen Zahlentest bekommst du sieben Reihen mit jeweils zehn Ziffern (also ähnlich zu unserem Eingangstest auf Seite 50). Auch hier besteht die Aufgabe darin, sich eine ganze Zahlenreihe möglichst fehlerfrei einzuprägen (siehe Auswertungsregeln). Bevor du diesen Test machst, gehe das Mastersystem noch einmal durch, und lege dir eine Route zurecht, die allerdings auch lang genug sein sollte, um dein anvisiertes Ziel zu erreichen. Nimmst du dir 40 Ziffern vor, so benötigst du also eine Route mit 20 Routenpunkten.

Auswertungsregeln:

▶ Jede Reihe wird unabhängig von anderen Reihen bewertet, selbst wenn eine Reihe fehlerhaft oder ausgelassen ist, werden die nachfolgenden Reihen noch gewertet.

▶ Für eine vollständig richtige Reihe (zehn Ziffern) gibt es 10 Punkte.

▶ Ist in einer Reihe ein einziger Fehler (falsch oder fehlend), dann gibt es noch 5 Punkte.

▶ Bei zwei oder mehr Fehlern in einer Ziffernreihe gibt es für diese Reihe null Punkte.

Wenn dir alles klar ist, dann fange jetzt bitte an!

---

1. Disziplin: Zahlentest

(5 Minuten Einprägezeit, 5 Minuten Wiedergabezeit)

1. Reihe:	4	8	0	2	4	7	3	2	0	9
2. Reihe:	8	7	7	1	3	0	6	6	4	8
3. Reihe:	6	2	8	2	1	3	4	7	8	0
4. Reihe:	5	5	4	6	2	1	9	8	6	4
5. Reihe:	4	0	2	1	7	5	8	7	3	1
6. Reihe:	1	6	9	9	3	4	1	2	6	6
7. Reihe:	7	5	0	0	6	2	8	4	1	6

Wiedergabeschema vom Zahlentest zum Eintragen der Ziffern
(5 Minuten)

1. Reihe:
_____

2. Reihe:
_____

3. Reihe:
_____

4. Reihe:
_____

5. Reihe:
_____

6. Reihe:
_____

7. Reihe:

Dein Punkteergebnis: _____ (maximal 70 Punkte)

Wörtertest

Bei diesem zehnminütigen Wörtertest bekommst du fünf Spalten mit jeweils zehn Wörtern. Die Aufgabe bei diesem Test ist, sich so viele Wörter wie möglich einzuprägen, und zwar möglichst fehlerfrei. Bevor du diesen Test machst, gehe noch mal die sieben Mentalfaktoren durch, und benutze auch für diesen Wörtertest eine Route. Erstelle dann zwischen jedem Wort und einem Routenpunkt ein fantasievolles, einprägsames Merkbild, und wiederhole mindestens einmal! Schau dir jetzt noch die Auswertungsregeln auf der nächsten Seite genau an, und beginne dann den Test.

2. Disziplin: Wörtertest
(10 Minuten Einprägezeit, 10 Minuten Wiedergabezeit)

	Spalte 1		Spalte 2		Spalte 3		Spalte 4		Spalte 5
1	Gurke	11	Wut	21	Schürze	31	Füller	41	Wurm
2	Reh	12	glänzen	22	Gestank	32	Säule	42	Brot
3	gehen	13	Auto	23	boxen	33	Ader	43	Liebe
4	Sturm	14	Wein	24	Telefon	34	zählen	44	Bauch
5	Wohnung	15	Häuser	25	Nil	35	Farbe	45	Schild
6	planen	16	Bürste	26	Birne	36	Lösung	46	Honig
7	Kreuz	17	Stängel	27	lenken	37	Wiese	47	sprechen
8	Spende	18	Freund	28	Wirkung	38	Bananen	48	Prinz
9	Werk	19	schenken	29	Esel	39	Wand	49	gleiten
10	Stahl	20	Schiff	30	Feder	40	Gehirn	50	Sonne

Auswertungsregeln:

▶ Jede Spalte wird unabhängig von anderen Spalten bewertet, selbst wenn eine Spalte leer oder fehlerhaft ist, werden die nachfolgenden gewertet – auf die korrekte Positionierung der Wörter ist jedoch zu achten! 10 Punkte pro fehlerfreie Spalte. **Achtung:** Also auf keinen Fall die Wörter zeilenweise von links nach rechts lesen, sondern spaltenweise, beginnend mit der ersten Spalte mit den von 1 bis 10 durchnummerierten Wörtern.

▶ Gibt es in einer Spalte einen Fehler (falsch oder fehlend), erhält man 5 Punkte.

▶ Bei zwei oder mehr Fehlern in einer Spalte gibt es für diese Spalte null Punkte (auch wenn die anderen Wörter in der Spalte korrekt sind).

▶ Einzahl-/Mehrzahlfehler, wie Haare statt Haar, gelten als eindeutiger Memorierfehler; genauso Wortverwechslungsfehler wie Klavier statt Piano.

▶ Wenn deine letzte Spalte aus Zeitmangel nicht ganz vollständig, aber alle Wörter bis zu einem von dir gesetzen Endstrich lückenlos und fehlerfrei sind, dann zählen alle Wörter voll (also zum Beispiel 6 von 6 Richtigen). Bei einem Fehler oder einer Lücke gibt es 3 Punkte dafür.

▶ Reine Rechtschreibfehler gelten dagegen nicht als Memorierfehler und führen nicht zu Strafpunkten für die ganze Zeile. Allerdings werden diese falsch geschriebenen Wörter nicht gewertet (das heißt ein Schreibfehler bei einem Wort in einer ansonsten korrekten, vollständigen Spalte führt zu 9 Punkten für diese Spalte).

Wiedergabeschema des Wörtertests zum Eintragen der Wörter
(10 Minuten)

Spalte 1		Spalte 2		Spalte 3		Spalte 4		Spalte 5	
1		11		21		31		41	
2		12		22		32		42	
3		13		23		33		43	
4		14		24		34		44	
5		15		25		35		45	
6		16		26		36		46	
7		17		27		37		47	
8		18		28		38		48	
9		19		29		39		49	
10		20		30		40		50	

Dein Punkteergebnis: _____ (maximal 50 Punkte)

Geschichtsdatentest

Bei diesem fünfminutigen Geschichtsdatentest geht es darum, ein geschichtliches Ereignis und seine zugehörige Jahreszahl zu lernen – insgesamt gibt es 20 Datensätze. Hierfür brauchst du zwar keine Routenpunkte, aber das Master-System solltest du nach Möglichkeit ganz gut beherrschen. Wie im Kapitel »Praktische Beispiele« (Seite 92ff.) bereits beschrieben, wäre die Vorgehensweise so, dass du ein Kombinationsbild aus den zwei Master-Begriffen der vierstelligen Jahreszahl bildest und es auf kreative Art mit dem tatsächlichen Geschichtsereignis verbindest. Du musst nicht unbedingt alle 20 Ereignisse lernen, such dir am besten die heraus, die dich besonders interessieren oder bei denen du mittels Master-System leicht ein gutes Kombinationsbild erstellen kannst.

In der Wiedergabephase bekommst du eine Auflistung von allen Geschichtsereignissen, aber in anderer Reihenfolge. Du musst dann die von dir memorierte Jahreszahl davorschreiben. Schau dir auch bei diesem Test genau die Auswertungsregeln an, bevor du loslegst.

Auswertungsregeln:

▶ Für jedes richtig zugewiesene Geschichtsdatum gibt es 1 Punkt. Die Jahreszahl muss dabei jedoch vollständig richtig sein.

▶ Für ein falsches Geschichtsdatum wird ½ Punkt abgezogen.

▶ Das Punkteergebnis dieser Disziplin erhält man, indem man den nach obigen Regeln erhaltenen Ergebniswert mit 3 multipliziert, zum Beispiel 10 Richtige – 2 Falsche x 0,5 = 9 ergibt 9 x 3 = 27 Punkte.

1. Disziplin: Geschichtsdatentest

(5 Minuten Einprägezeit, 5 Minuten Wiedergabezeit)

1813	Völkerschlacht bei Leipzig
1891	Deutschland: Sonntag wird arbeitsfrei
1679	Leibniz erfindet die binären Zahlen
2082	Menschen bevölkern neuen Planeten
2074	Kinder übernehmen Weltherrschaft
1564	Shakespeare wird geboren
1896	Entdeckung der Radioaktivität
1272	Marco Polo erreicht China
1958	Artur Fischer erfindet den Dübel
1650	Guericke entwickelt die Luftpumpe
1781	Herschel entdeckt den Uranus
1705	Newton wird zum Ritter geschlagen
1477	Karl der Kühne fällt bei Nancy
1828	Kaspar Hauser in Nürnberg gesichtet
2024	Autos fahren per Computer
2037	Lernpillen führen zum Speed-Lernen
1101	Heinrich I. führt die Einheit »Yard« ein
1710	Das Klavier wird in Italien erfunden
1717	Fahrenheit stellt Thermometer her
1972	Amerikaner entwickeln ersten Taschenrechner

Wiedergabeschema zum Geschichtsdatentest: Jahreszahlen eintragen! (5 Minuten)

	Kaspar Hauser in Nürnberg gesichtet
	Amerikaner entwickeln ersten Taschenrechner
	Autos fahren per Computer
	Fahrenheit stellt Thermometer her
	Marco Polo erreicht China
	Kinder übernehmen Weltherrschaft
	Deutschland: Sonntag wird arbeitsfrei
	Herschel entdeckt den Uranus
	Leibniz erfindet die binären Zahlen
	Völkerschlacht bei Leipzig
	Das Klavier wird in Italien erfunden
	Menschen bevölkern neuen Planeten
	Newton wird zum Ritter geschlagen
	Karl der Kühne fällt bei Nancy
	Guericke entwickelt die Luftpumpe
	Entdeckung der Radioaktivität
	Shakespeare wird geboren
	Heinrich I. führt die Einheit »Yard« ein
	Lernpillen führen zum Speed-Lernen
	Artur Fischer erfindet den Dübel

Ergebniswert _____ x 3 = **dein Punkteergebnis:** _____

(maximal 60 Punkte)

Nun bist du ans Ende des Gedächtnistests angelangt und kannst jetzt die Punkte der einzelnen Tests zusammenzählen, um eine Gesamtbewertung zu erhalten.

Gesamtergebnis

Disziplin	Resultat	Punktzahl
1. Zahlen (5 Minuten)	_____	_____ (maximal 70 Punkte)
2. Wörter (10 Minuten)	_____	_____ (maximal 50 Punkte)
3. Geschichtsdaten (5 Minuten)	_____	_____ (maximal 60 Punkte)
	Gesamtpunktzahl	_____

Gesamtbewertung:

< 40 Punkte: Wiederhole die Techniken noch einmal, und übe regelmäßig!

41–60 Punkte: Schon ganz gut, weiter so!

61–80 Punkte: Ein prima Ergebnis, das hat doch schon Spaß gemacht, oder?

80–100 Punkte: Mit diesem sehr guten Ergebnis qualifizierst du dich schon für regionale Gedächtnismeisterschaften!

> 100 Punkte: Ein absolut hervorragendes Ergebnis! Die Teilnahme an regionalen Meisterschaften wird dringend empfohlen.

Übrigens kann man alle drei Disziplinen (und noch ein paar weitere) mit dem unter www.memoryxl.de kostenlos herunterladbaren MemoryXL-Gedächtnistrainer trainieren. Eine monatliche Bestenliste wird ebenfalls geführt, um die Teilnehmer zu motivieren und anzuspornen. Darüber hinaus gibt es Informationen über regionale Meisterschaften.

Interview mit der Kinder-Gedächtnisweltmeisterin

Die Schülerin Lara Hick wurde von Dr. Karsten trainiert und konnte im Gedächtnissport zahlreiche Gedächtnisrekorde aufstellen. Im Jahr 2004 wurde sie in Manchester/England im Alter von 12 Jahren sogar »Kinder-Gedächtnisweltmeisterin« in der Kinderkategorie von 6 bis 12 Jahren. Das nachfolgende Interview mit ihr vermittelt einen kleinen Eindruck von dem Leben und den Einstellungen dieser jungen Weltmeisterin.

Lara Hick
(Gedächtnisweltmeisterschaft 2004 in England)

Warum hast du eigentlich mit dem Gedächtnistraining bei Dr. Gunther Karsten angefangen, und wie alt warst du damals?
Ich war achteinhalb Jahre alt, als ich in den Gedächtniskurs kam, von dem ich durch die Hochbegabtenförderung e.V. erfahren hatte. Das Thema hat mich einfach interessiert, und meine Mutter fand den Kurs auch ganz gut. Außerdem war es cool, dass der Kurs nur für Mädchen war – damals fand ich Jungs noch richtig nervig.

Wie bist du damals eigentlich in der Schule gewesen?
Ich war sehr gut und hatte in der Grundschule nur Einser und Zweier. Schon damals hat die Schule viel Spaß gemacht, und es war recht leicht für mich. Meine Mutter wollte dann auch, dass ich

von der ersten Klasse direkt in die dritte springe. Dort habe ich dann aber auch schnell neue Freundinnen gefunden, und es war eine sehr gute Entscheidung.

Wie lange und wie oft hast du trainiert, um schließlich Kinder-Gedächt-nisweltmeisterin zu werden?

Am Anfang habe ich wirklich wenig trainiert. Unser Gedächtnis-kurs fand nur jede zweite Woche statt, und zu Hause habe ich nur ein paar Minuten in der Woche geübt. Trotzdem ging ich im Jahr 2001 auf meine erste Deutsche Gedächtnismeisterschaft in Mann-heim. So richtig viel trainiert hatte ich dann aber ungefähr vier Wo-chen vor der Weltmeisterschaft 2004, die ich gewonnen habe. Je-den zweiten Tag trainierte ich in dieser Zeit, besonders meine schlechten Disziplinen wie Geschichtsdaten und Spielkarten – da kamen pro Trainingseinheit dann leicht 30 oder sogar 60 Minuten zusammen. (Übrigens ohne die kleinen spontanen Zwischentests von Freunden ...)

Meinst du, dass im Grunde alle Schulkinder nach dem Lernen der hier beschriebenen Lerntechniken, die du ja auch anwendest, zum Beispiel eine 100-stellige Zahl fehlerfrei in 5 Minuten lernen könnten?

Das sind schon enorm viele Zahlen, und die in so kurzer Zeit und dann noch fehlerfrei zu lernen ist wirklich nicht einfach. Aber ei-gentlich bin ich überzeugt, dass es mit Techniken wie Master-Sys-tem und Routenmethode für jeden möglich ist. Allerdings müsste man dann auch regelmäßig und fleißig trainieren. Ich konnte recht schnell 70 bis 80 Ziffern, aber erst nach etwa zwei Jahren konnte ich 100 Ziffern in fünf Minuten immer sicher fehlerfrei. Al-lerdings habe ich am Anfang – wie schon gesagt – nicht sehr viel geübt. Mit richtigem Training könnte man es wohl leicht in einigen Monaten schaffen.

Auf welche sportliche Gedächtnis-Höchstleistung oder welchen Weltrekord bist du besonders stolz?
Eigentlich bin ich auf alle meine Rekorde sehr stolz. Doch besonders stolz bin ich darauf, dass ich auf der letzten Weltmeisterschaft einen ganzen Kartenstapel mit 52 Spielkarten in weniger als zwei Minuten fehlerfrei gelernt habe. Ach ja, und ich habe es schon geschafft, mir über 1000 (Anmerkung: genau 1012) Ziffern in 60 Minuten in der genauen Reihenfolge einzuprägen – dies fand ich echt toll, weil ich diese lange Disziplin nämlich niemals trainiert hatte und es eine Qualifikationsnorm ist, um den höchsten Titel im Gedächtnissport zu erreichen – den Grandmaster-Titel!

Was war das für ein Gefühl, auf der Weltmeisterschaft den Titel »Kinder-Gedächtnisweltmeisterin« zu erringen?
Es war wirklich cool, die Kinder-Gedächtnisweltmeisterin zu werden. Ich hatte das Gefühl, dass sich das Training wirklich gelohnt hat und ich nun »dazugehöre«. Und seitdem kennt mich die ganze Weltelite des Sports, denn in einigen Disziplinen habe ich den Erwachsenen auch gezeigt, dass ich (sogar) mit ihnen mithalten kann, wie in der Disziplin »Gedicht«, bei der ich TOP 10 der Weltrangliste wurde.

Was vermutest du, warum hast gerade du es geschafft, Weltmeister in der Kinder-Kategorie zu werden?
Ich weiß nicht... schwierige Frage, es könnten ja auch andere schaffen, wenn sie nur wollten. Ich glaube nicht, dass ich so beson-

ders oder anders bin. Aber wahrscheinlich habe ich ziemlich viel Ehrgeiz; wenn ich etwas beginne, möchte ich auch gut sein. Wenn ich in einer Sache schlecht bin, mache ich meistens auch nicht damit weiter. Sicherlich war es gut, dass ich mit dem Kurs und meinem Training durchgehalten habe und nicht, wie andere, aufgehört habe, als es schwieriger wurde. Und es macht mir einfach Spaß, wenn ich feststelle, dass ich immer besser werde und dann auch zu den Besten gehöre.

Unterstützen dich denn auch Freunde und Familie im Gedächtnissport?

Auf jeden Fall, denn meine Freundinnen sind auch ein bisschen stolz auf mich und helfen mir beim Trainieren, geben mir manchmal Tests und motivieren mich öfters auch zum Training, wenn ich selbst keine Lust habe. Und natürlich wäre ich sicherlich nicht so weit gekommen, wenn meine Eltern mich nicht die ganzen Jahre so toll unterstützt hätten. Übrigens, euch beiden vielen Dank dafür!!

Welche geistigen Fähigkeiten hast du durch das Gedächtnistraining am meisten entwickelt?

Auf jeden Fall wurde meine Fantasie angeregt, und auch meine Vorstellungskraft hat sich verbessert. Meine Kreativität hat sich auch entwickelt, indem ich in den letzten Jahren viele tausend neue Gedankenkombinationen und geistige Bilder im Kopf erstellt habe. Immer wieder neue Gedankengänge zu bilden, hat mir sicherlich auch in der Schule geholfen. Ich habe aber auch gelernt, mich selber besser einzuschätzen und mich auf Wettkämpfen mit anderen unter starkem Druck zu messen und auch dann mal mit schlechteren Ergebnissen und Platzierungen fertig zu werden. Was allerdings nicht immer leicht war.

Du warst ja seitdem schon oft in den Medien – was war denn dein lustigster Auftritt?

Bei meinem ersten Auftritt, und zwar bei »Kleine, ganz groß!«, war es besonders lustig, weil ich einen Gedächtnis-Wettstreit mit einem Prominenten hatte – mit dem sehr netten Fernsehrichter Alexander Hold. Es war witzig, dass er keine Ahnung über die Techniken hatte, aber noch eine Stunde vor dem Auftritt viele Tricks aus mir herausquetschen wollte, um einigermaßen mithalten zu können, was er gar nicht so schlecht gemacht hat – Respekt! Die Aufgabe war nämlich, das Fach und die Noten von 30 chinesischen Schülern innerhalb von ein paar Minuten auswendig zu lernen. Er musste dann aber doch in der Mitte aufgeben, und ich bekam die Chance, schnell alle Noten und Fächer fehlerfrei aufzusagen. Ich war ganz schön aufgeregt und wirklich sehr froh, als ich alles geschafft hatte!

Hast du ein Beispiel, wie du die Gedächtnistechniken in der Schule anwenden konntest?

Die Telefonnummern von meinen Schulfreundinnen habe ich mir immer mit dem Master-System gemerkt. Auch war es leicht und manchmal lustig, mir mit den Lerntechniken Geschichtsdaten wie zum Beispiel die Französische Revolution von 1789 einzuprägen. Und super klappt es mit Vokabeln in Englisch oder Latein, die ich mir meistens nur einmal anschaue und dann schon kann, weil ich durch das Gedächtnistraining wahrscheinlich auch ganz allgemein ein besseres Gedächtnis bekommen habe.

Welche Ziele hast du noch im Gedächtnissport, und was möchtest du später werden?

Ich möchte noch den Grandmaster-Titel erringen, dazu fehlt mir nur noch eine Norm. Außerdem möchte ich noch weitere Rekorde aufstellen und vielleicht in den nächsten Jahren noch Junioren-Gedächtnisweltmeisterin werden, also bei den Älteren in der Kategorie 13 bis 17 Jahre – also hab ich noch ziemlich viel vor! Ach ja, unbedingt möchte ich auch mal einen ganzen Kartenstapel unter einer Minute memorieren können.

Und zur anderen Frage: Schon seit der fünften Klasse – seitdem ich in der Theatergruppe bin – möchte ich Schauspielerin werden. Auch wenn es sich blöd anhört: Ich möchte gerne berühmt werden, nach Amerika gehen und bei einer Oscarverleihung dabei sein. Mein Plan ist es, erst einmal etwas anderes zu studieren (cool wäre zum Beispiel Kriminologie) und dann auf eine gute Schauspielschule nach New York zu gehen.

Welchen Tipp für die Schule möchtest du anderen Kindern geben?

Man sollte die Schule nicht zu ernst nehmen und die Schulzeit auch genießen, denn vielleicht ist es die interessanteste und schönste Zeit im Leben. Natürlich sollte man es auch nicht schleifen lassen, denn dann hätte man es später nur noch schwerer – und schlecht zu sein, macht einfach keinen Spaß. Zusammen lernen ist auch ein Tipp von mir, denn es ist viel lustiger, und es bringt oft mehr, mit guten Freunden zu lernen als alleine.

Infos zu Gedächtnismeisterschaften

Für all jene, die Spaß an den beschriebenen Techniken haben, die im Gedächtnisabschlusstest sehr gut waren oder die der Ehrgeiz gepackt hat, so dass sie sich in einem offiziellen Wettbewerb mit anderen mental messen wollen, folgt eine kurze Auflistung und Beschreibung der sieben Disziplinen, welche in den von MemoryXL e.V. durchgeführten regionalen Gedächtnismeisterschaften (zum Beispiel Nord- oder Süddeutsche Meisterschaften vorkommen.) Es gibt folgende Alterskategorien: 6 bis 12 Jahre (Kinder), 13 bis 17 Jahre (Junioren), 18 bis 59 Jahre (Erwachsene) und 60+ (Senioren).

Zahlensprint

Aufgabe: In fünf Minuten sind möglichst viele Ziffern einzuprägen. Die Ziffern sind zeilenweise auf einem weißen Blatt angeordnet, wobei 40 Ziffern (Jugendliche: 10) in einer Zeile stehen; jedes Blatt zeigt 25 Zeilen, also 1000 Ziffern. Fast unmittelbar nach der Einprägezeit und der Rückgabe des Zahlenblattes sind die memorierten Ziffern in der Wiedergabezeit von 15 Minuten (Junioren: 10 Minuten) aus dem Gedächtnis aufzuschreiben.

Bewertung: Bei einem Fehler (falsche Zahl oder Lücke) in der Zeile zählt diese zur Hälfte; man erhält also nur 20 statt 40 Ziffernpunkte (Jugendliche: 5 statt 10); bei zwei Fehlern (auch einem Zahlendreher) gibt es für die Zeile 0 Punkte. Am Schluss werden die Punkte von allen Zeilen addiert.

Namen/Gesichter

Aufgabe: In 5 Minuten (Jugendliche: 10 Minuten) müssen möglichst viele Gesichter mit den dazugehörigen Vor- und Nachnamen memoriert werden. Es werden 50 bis 100 Porträtfotos auf mehreren Blättern den Mentathleten vorgelegt. Für die Wiedergabephase bekommt man Blätter mit allen in der Memorierphase vorgegebenen Fotos, jedoch mit anderer Reihenfolge. Unter die Photos sind nun die korrekten Namen innerhalb von 10 bzw. 15 Minuten zu schreiben.

Bewertung: Für jeweils einen korrekt zugeordneten Vornamen bzw. Nachnamen gibt es einen Punkt. Ist der Name zwar nicht ganz korrekt geschrieben, aber akustisch identisch (zum Beispiel Tomas für Thomas), erhält man noch einen halben Punkt. Null Punkte gibt es dagegen, wenn ein Name nicht ganz richtig ist. Wenn bei einem Namen sogar mehr als drei Buchstaben falsch sind bzw. ein Name nicht korrekt zugeordnet wurde, gibt es einen halben Minuspunkt dafür.

Binärzahlen

Aufgabe: In fünf Minuten sind möglichst viele Binärzahlen (also 0 und 1 in willkürlicher Reihenfolge, zum Beispiel 001011110101 01011111000 ...) einzuprägen. Die Ziffern sind zeilenweise auf einem weißen Blatt angeordnet, wobei 30 Binärzahlen (Jugendliche: 12) in einer Zeile stehen; jedes Blatt zeigt 33 Zeilen, also 990 Binärzahlen. Fast unmittelbar nach der Einprägzeit sind die memorierten Binärzahlen in der Wiedergabezeit von 15 Minuten aus dem Gedächtnis aufzuschreiben.

Bewertung: Bei einem Fehler in einer Zeile (falsche Zahl oder Lücke) zählt diese Zeile zur Hälfte; es gibt also 15 Punkte (Jugendliche: 6 Punkte); bei zwei Fehlern (auch bei einem Zahlendreher) gibt es für die Zeile 0 Punkte. Jede Zeile wird für sich gerechnet und am Schluss zum Erhalt des Endergebnisses addiert.

Wörterlauf

Aufgabe: In 5 Minuten müssen so viele Wörter wie möglich in der richtigen Reihenfolge und mit korrekter Schreibweise memoriert werden. Dafür sind jeweils 20 Wörter (Jugendliche: 10) in einer Spalte aufgelistet. Fünf Spalten, also 100 Wörter, sind auf einem Blatt Papier. 300 Wörter sind maximal vorgegeben. 10 bis 15 Minuten hat man als Zeit zum Aufschreiben für die Wiedergabe.

Bewertung: Bei einem Fehler (falsches Wort oder Lücke) in der Spalte zählt die Spalte nur zur Hälfte; es gibt also nur 10 Punkte von 20 Punkten (Jugendliche: 5 von 10 Punkten); ansonsten wird jede Zeile nur für sich betrachtet und gewertet, wobei jede Spalte vollständig memoriert werden muss, bevor eine neue Spalte gelernt wird. Bei der letzten Spalte kann man jedoch an jeder Stelle abbrechen und beim Aufschreiben am Ende einen Strich machen, so dass auch diese unvollständige Spalte gewertet wird (diese Regel gilt auch entsprechend für andere Disziplinen). Liegt ein offensichtlicher Schreibfehler vor, wird das betreffende Wort nicht gezählt (es führt aber auch zu keinem Strafpunkt).

Text

Aufgabe: In 15 Minuten (Jugendliche: 10 Minuten) müssen möglichst viele Wörter und alle vorkommenden Satzzeichen von einem Text (Sachtext oder einem sich nicht reimenden Gedicht) mit korrekter Schreibweise memoriert werden. Dafür stehen in jeder Zeile etwa 3 bis 8 Wörter/Satzzeichen. Der Text muss nicht nur sinngemäß memoriert werden, sondern hundertprozentig Wort für Wort und Satzzeichen für Satzzeichen gelernt werden. In der Wiedergabephase muss der gelernte Text in 15 Minuten korrekt niedergeschrieben werden.

Bewertung: Für jedes Wort oder Satzzeichen wird ein Punkt gegeben. Bei einem Fehler (falsches Wort oder Lücke) in der Zeile gibt es für die Zeile die Hälfte der Gesamtpunktzahl der Zeile. Bei zwei Fehlern in einer Zeile gibt es für diese 0 Punkte. Jede Zeile wird für sich bewertet; am Ende werden alle Punkte der Zeilen addiert. Man kann eine oder mehrere Zeilen auslassen, allerdings muss man sich merken, wie viele Zeilen man ausgelassen hat, so dass die nachfolgenden Zeilen an der richtigen Stelle (Zeilennummerierung) stehen. Liegt ein offensichtlicher Schreibfehler vor, wird das betreffende Wort nicht gezählt.

Historische Daten

Aufgabe: Es werden den Teilnehmern bis zu 150 Geschichts-Zukunftsdaten vorgelegt. Der Zeitraum liegt zwischen dem Jahr 1000 bis 2099. Die (nicht authentischen!) Geschichtsereignisse werden mit etwa 1 bis 5 Wörtern umschrieben. In fünf Minuten sind möglichst viele solcher Jahres/Ereignis-Kombinationen zu memorieren, wobei nicht nach der vorgegebenen Reihenfolge gelernt werden muss, sondern einfach erscheinende Daten beliebig herausgepickt werden dürfen.

Bewertung: In der Wiedergabephase bekommt jeder Mentathlet Wiedergabeblätter, auf denen alle in der Memorierphase vorgelegten Ereignisse aufgelistet sind (aber in anderer Reihenfolge).

Innerhalb von 15 Minuten müssen die memorierten Jahreszahlen korrekt zugeordnet werden. Für jede korrekte Jahres/Ereignis-Kombination gibt es einen Punkt. Pro Fehler (falsche Zahl/ Zuordnung) gibt es einen halben Minuspunkt.

Kartensprint

Aufgabe: Man hat maximal fünf Minuten Zeit, um sich die Reihenfolge der Karten eines kompletten 52er-Kartenspiels einzuprägen. Dabei dürfen die Spielkarten nebeneinander oder aufeinander gelegt werden; ein wiederholtes Ansehen der Spielkarten ist erlaubt. Ist man mit dem Einprägen der letzten Karte fertig, so wird die Zeit für den Wettkämpfer gestoppt (falls man weniger als fünf Minuten benötigt).

Bewertung: In der Wiedergabephase bekommt man nun einen zweiten Kartenstapel, der in üblicher Weise geordnet ist (Karo 2, Karo 3, ... Kreuz König, Kreuz Ass). Diesen muss man innerhalb von maximal fünf Minuten in gleicher Weise anordnen wie den zuvor memorierten Kartenstapel. Am Ende der Wiedergabezeit werden beide Stapel nebeneinandergelegt. Jede korrekt positionierte Karte wird gezählt, allerdings nur bis zum ersten Fehler! Übrigens: Eine Memorierzeit von unter fünf Minuten wird nur gewertet, wenn alle 52 Karten korrekt memoriert wurden! (Ansonsten werden fünf Minuten gewertet.)

Gesamtwertung: Die Wertepunktevergabe für die Gesamtwertung ist komplizierter; grundsätzlich gibt es jedoch für jede Disziplin ein 1000-Wertepunkte-Ergebnis, und im Verhältnis zu diesem Wert bekommt man für seine Leistung in der jeweiligen Disziplin eine entsprechende Wertepunktzahl. Die Wertepunktzahlen der einzelnen Disziplinen werden dann addiert, um so den Sieger der Meisterschaft zu ermitteln.

Die regionalen Gedächtnismeisterschaften finden meistens im Frühjahr des Jahres statt. Nähere Informationen bekommst du unter www.memoryxl.de. Jeder darf mitmachen. Wenn es zu viele Anmeldungen gibt, entscheidet das eigene Ergebnis, welches man mit dem kostenlos herunterladbaren MemoryXL-Gedächtnistrainer erreicht hat. Übrigens gibt es Pokale, Urkunden, Preise und in der Regel sogar Preisgelder (und die Extra-Kategorie »Newcomer«).

Also, nur Mut!

Schlusswort

Nun bist du ans Ende des Buches angekommen, und ich hoffe, du hast am eigenen Leib erfahren können, dass es vielfältige fantastische Möglichkeiten für ein schnelleres, intensiveres und spaßigeres Lernen gibt!

Natürlich ist das Medium Buch nur in begrenztem Maße in der Lage, ein komplexes Thema wie die Verbesserung des individuellen Lernens so zu behandeln, dass man nicht nur einfach mit neuen Informationen vollgestopft wird, sondern sich auch massive und dauerhafte Änderungen im eigenen (Lern-)Verhalten einstellen.

Um denjenigen noch eingehender zu helfen, die Informationen leichter durch den direkten persönlichen Austausch und/oder praktische Übungen/lebhafte Interaktionen in der Gruppe aufnehmen, biete ich mit meiner Trainingsfirma MemoVision© zahlreiche Seminare an, ob nun Einzel- oder Gruppen-Lernkurse für Jugendliche und Kinder (ab 6 Jahren), Familienkurse (für Eltern mit ihren Kindern) sowie Gedächtnis- und Kreativitätskurse als Basis- und Fortgeschrittenenkurse.

Näheres über diese Kursangebote sowie über unsere Seminare, Workshops, Vorträge und Gedächtnisshows für Firmen und Institutionen erfährt man unter www.memovision.de oder durch direkte E-Mail-Anfrage unter info@memovision.de.

Mach etwas aus dir und deinem Gehirn!

Dr. Gunther Karsten, 49, hat in den USA, Hamburg und Heidelberg Chemie studiert und promovierte auf einem biochemischen Gebiet an der TU München mit magna cum laude. In dieser Zeit schloss er parallel ein Biotechnologie-Aufbaustudium ab, bildete als universitäre Lehrkraft hunderte von Studenten aus, arbeitete aushilfsweise als Berufsschullehrer, war als Darsteller bei Film- und Werbeaufnahmen tätig und schrieb für die Süddeutsche Zeitung als freier Journalist.

Anschließend gründete er sein eigenes Patentübersetzungsbüro und entdeckte dann im Jahr 1997 für sich den Gedächtnissport: Seitdem wurde er siebenfacher Deutscher Gedächtnismeister und mehrfacher Gedächtnisweltmeister in Einzeldisziplinen, außerdem hält er zahlreiche Gedächtnisweltrekorde sowie Guinness-Weltrekorde.

Dr. Karsten zeigte durch seine speziellen Trainingskurse für Kinder und Jugendliche, dass seine Gedächtnis- und Lerntechniken auch von Schülern leicht erlernt und diese dadurch zu phänomenalen Leistungen befähigt werden können. So stammen aus seiner 1998 gegründeten Gedächtnis- und Kreativitätstrainingsfirma MemoVision© unzählige Deutsche Kinder- und Junioren-Gedächtnismeister, Kinder-Gedächtnisweltmeister, Junioren-Gedächtnisweltmeister und Guinness-Weltrekordhalter. Viele von ihnen traten in zahlreichen TV-Sendungen auf und verblüfften ein Millionenpublikum mit ihren Konzentrations- und Gedächtnisfähigkeiten, wobei eine Schülerin von ihm sogar bei der Sendung »Deutschlands klügste Kinder« von tausenden unter die besten zwölf Mädchen kam.

Dass man Dr. Karstens Techniken und Trainingsmethoden auch für die Schule nutzen kann, wurde durch die aus seinen Kursen stammende mehrfache Junioren-Gedächtnisweltmeisterin gezeigt, die mit fast noch 15 Jahren 2003 jüngste Abiturientin Deutschlands wurde und bei Günther Jauchs »Stern TV« ihre phänomenalen Fähigkeiten unter Beweis stellte.

Darstellung des von Dr. Gunther Karsten an der Universität in Oxford bei der Gedächtnisweltmeisterschaft 2005 aufgestellten Weltrekords in der Disziplin »1 h Zahlen«. Bei dieser Disziplin haben die Teilnehmer exakt eine Stunde Zeit, sich so viele Zahlen wie möglich einzuprägen. Danach müssen sie diese in maximal zwei Stunden nahezu fehlerfrei in der richtigen Reihenfolge aufschreiben:

```
5648108037891059028476109936219078754321567835 3322
78290234586209899980109921887522586986329089370519
875728957587027575275437543572571105055071 57175751
86565101010566545845438504757157481601115465160511
78975017435051087384132547853416759155050565751351
56156175616565065518581586578547202116251075 78993
95720720552475059015897159715916167468463654675867
16754164100050615065115445105048574895411511641305
34154525010016573647327451551154653149555150616575
67810656713645615675151543915665745618567143146531

57617863729514344414304214415481325410145365440164
31450144651716416434732846071648361478636471646196
43816476164614638046196812648364781561064832167861
78056106437157856786545670515801678617865616314546
```

211

1898547925023562578678681956295676505378617810505475817384938438483838316501606516567637367106537487191918940160561785643105845743054178346176471950165785718904304673304836517536851515415341956504505672652657854564563547572657816754674355487895705758956786782654057378458988605968548752689574857295458979057277426552504351636578143657865178654365478384897489137598374016565178585891389767865436536566256653654657846501757495748967026716516589758178917518965648571875893518965891651630738954758743905717519056178568457895071897389461093641890748109561897418937418932651658170974816518947128947189327418974932165818473894718907586571517975136518974189758943758946578626892690789217891656106509758946789016561065814757438967275369179086589675872896789010789758968678748161657754784798438497574734874178410784905745257592574357428957489578957275283758943758437589437584375897587435827587489578925784758958475827547527435874325743285757875894375894375843708475894327587328579327584789768975896789677589678927487895728957892437584327587435873258732897589432758975894327589437587589275432758758743587438574328972895728758758932758432757432857896898978697897896879658651781115143440033410304324103465720041926372895736500783511765234598752276300965123761961

212

Literatur

Karsten, Gunther: Erfolgsgedächtnis. Wie Sie sich Zahlen, Namen, Fakten, Vokabeln einfach besser merken, Goldmann Verlag
Weitere und tiefer gehende Beschreibung von Gedächtnis- und Lernmethoden mit umfangreichem Gedächtnis-Einstiegstest und -Abschlusstest

Spitzer, Manfred: Lernen. Gehirnforschung und die Schule des Lernens, Spektrum Akademischer Verlag
Ausführliche wissenschaftliche Behandlung des Themas »Lernen« mit zahlreichen Beschreibungen wissenschaftlicher Experimente

Langer, Ellen J.: Kleine Anleitung zum Klugsein. Sieben Kapitel über sinnvolles Lernen, Klett-Cotta-Verlag
Theoretische Betrachtungen über richtiges Lernen, insbesondere bedingtes Lernen, mit der Darstellung von eigenen wissenschaftlichen Untersuchungen

Kläsener, C., M. Korte: Gute Noten. Wie Eltern den Schulerfolg ihrer Kinder fördern können, Argon-Verlag
Behandlung zahlreicher Aspekte des Lernens und des Schulerfolgs, mit hilfreichen Tipps für Eltern mit Angabe vieler informativer Webseiten

Susuki, Shinichi: Erziehung ist Liebe, Gustav Bosse Verlag
Über die Erziehungsmethoden des großen japanischen Geigenlehrers S. Suzuki, der zahlreiche »Wunderkinder« im Geigenspiel hervorbrachte

Metzig, W., M. Schuster: Lernen zu lernen. Lernstrategien wirkungsvoll einsetzen, Springer Verlag
Wissenschaftliches Buch zum Thema Lernen mit Beschreibungen zahlreicher wissenschaftlicher Untersuchungen über verschiedene Lernaspekte

Twain, Mark: How to make history dates stick, Dezember 1914, Harper's Monthly Magazine

Winner, E.: Hochbegabt. Mythen und Realitäten von außergewöhnlichen Kindern, Klett-Cotta-Verlag
Eingehende wissenschaftliche Beschäftigung mit dem Thema »Hochbegabung« aus unterschiedlichen Begabungsbereichen

Kontaktadressen

MemoVision – Memory, Mind and Mental Skills
Dr. Gunther Karsten, Hubertusstr. 105, D-99094 Erfurt
www.memovision.de
> *Informationen über die von Dr. Karsten angebotenen Lern- und Gedächtnisseminare für Schüler/Erwachsene/Firmen sowie Auflistung der Gedächtnisrekorde*

MemoryXL
(Europäische Gesellschaft zur Förderung des Gedächtnisses e.V.)
www.memoryxl.de
> *Information über regionale Gedächtnismeisterschaften, Lehrerseminare sowie kostenlos herunterladbares Gedächtnistrainingsmodul mit monatlich aktualisierter Trainingsbestenliste*

GGK (Gesellschaft für Gedächtnis- und Kreativitätsförderung)
Klaus Kolb, Brunnenweg 4, D-88260 Argenbühl, www.ggk.de
> *Organisator der Deutschen Gedächtnismeisterschaften*

Mensa e.V. (Vereinigung Hochintelligenter)
c/o Cirsten Novellino, St.-Georg-Str. 11, D-86926 Pflaumdorf
www.mensa.de
> *Verein für Kinder, Jugendliche und Erwachsene mit einem IQ über 130, verschiedene gemeinsame Aktivitäten werden angeboten*

WMSC (World Memory Sport Council)
Tony Buzan, England, www.worldmemorychampionship.com
> *Dachorganisation zur weltweiten Verbreitung des Gedächtnissports*

Hochbegabtenförderung e.V.
Jutta Billhardt, Am Pappelbusch 45, D-44803 Bochum
www.hbf-ev.de
> *Verein für hochbegabte Kinder. Durch zahlreiche interessante, deutschlandweit angebotene Kurse werden Kinder gefördert und gefordert*

Touchmore GmbH
Olaf Hartmann, Am Bruch 5, D-42857 Remscheid
www.jonglierset.de

> *Informationen über das Erlernen des Jonglierens und Vertreiber eines hervorragenden Jongliersets in guter Qualität und mit großer Farbauswahl*

MindKarat – discover your own brilliance
Dr. Michaela Karsten, Hubertusstr. 105, D-99094 Erfurt
www.mindkarat.de

> *Gedächtnis- und Mentaltraining mit der dreifachen Frauen-Gedächtnisweltmeisterin und Guinness-Rekordlerin. Seminare, Vorträge, Workshops für Firmen (Lernanforderungen im Business) sowie für Studenten und Schüler. Auch spezielle Familienkurse und Lehrerkurse*

Register